CRITICAL LIVES

JAMES

JOYCE

[英] 安德鲁·吉布森 著　　宋庆宝 译

詹姆斯·乔伊斯

北京大学出版社
PEKING UNIVERSITY PRESS

著作权合同登记号　图字：01-2008-4803

图书在版编目（CIP）数据

詹姆斯·乔伊斯/（英）吉布森（Gibson, A.）著；宋庆宝译. —北京：北京大学出版社，2013.9
ISBN 978-7-301-22846-3

Ⅰ.①詹…　Ⅱ.①吉…②宋…　Ⅲ.①乔伊斯，J.（1882～1941）-人物研究 ②乔伊斯，J.（1882～1941）-小说研究　Ⅳ.①K835.625 ②I562.074

中国版本图书馆CIP数据核字（2013）第158083号

James Joyce by Andrew Gibson was first published by Reaktion Books, London, 2006 in the Critical Live series.
Copyright © Andrew Gibson 2006

本书中文简体字翻译版由REAKTION出版公司授权北京大学出版社独家出版发行。

书　　名：	詹姆斯·乔伊斯
著作责任者：	[英]安德鲁·吉布森 著　宋庆宝 译
责 任 编 辑：	张丽娉
标 准 书 号：	ISBN 978-7-301-22846-3/L·2656
出 版 发 行：	北京大学出版社
地　　　址：	北京市海淀区成府路205号　100871
网　　　址：	http://www.pup.cn　新浪官方微博：@北京大学出版社 @培文图书
电 子 信 箱：	zpup@pup.cn
电　　　话：	邮购部 62752015　发行部 62750672　编辑部 62752032　出版部 62754962
印 刷 者：	北京楠萍印刷有限公司
经 销 者：	新华书店
	880毫米×1230毫米　32开本　8.25印张　180千字
	2013年9月第1版　2013年9月第1次印刷
定　　　价：	35.00元

未经许可，不得以任何方式复制或抄袭本书之部分或全部内容。
版权所有，侵权必究
举报电话：010-62752024　电子信箱：fd@pup.pku.edu.cn

詹姆斯·乔伊斯,约 1917 年

目 录

001　序 / 德克兰·凯伯德

005　第一章　历史、政治和乔伊斯传记
015　第二章　帕乃尔、芬尼亚共和主义和乔伊斯一家
027　第三章　90年代都柏林的青年时期
039　第四章　一个年轻的知识分子（1898—1903）
049　第五章　作为批评家的艺术家
061　第六章　1904年6月16日
075　第七章　流亡欧洲大陆
087　第八章　回眸：《都柏林人》
099　第九章　帝国第二前哨
115　第十章　《都柏林人》出版之战

123	第十一章	爱尔兰成就了我：《青年艺术家的画像》
137	第十二章	乔伊斯、爱尔兰和战争
149	第十三章	创作《尤利西斯》
157	第十四章	民族史诗
171	第十五章	乔伊斯在巴黎
179	第十六章	乔伊斯和独立国家
189	第十七章	乔伊斯的事业
197	第十八章	一个狂热的、失明的、年迈的诗人
205	第十九章	巨　石

222　　结　语

225　　乔伊斯年表

233　　参考文献精选

251　　致　谢

252　　图片说明

序

德克兰·凯伯德

在20世纪初期死气沉沉、思想狭隘的都柏林，在叶芝、贝克特，尤其是在乔伊斯的作品中所存在的极端现代性的形式，是如何产生的呢？其中一个答案可能认为，殖民地总是新方法的实验室。另外一个答案可能认为，爱尔兰艺术家从未迷信过英国的传统形式，所以很容易就能突破它。安德鲁·吉布森在其权威著作《乔伊斯的复仇》(*Joyce's Revenge*) 中，用一种高贵的无畏探讨了上述分析，此书有助于阐释《尤利西斯》(*Ulysses*) 可能对英国文化价值观所实施的"芬尼亚主义攻击"的方式。此类研究也曾被一个英国知识分子领袖提出，他还增加了一些爱尔兰人喜爱的美妙反讽。吉布森耐心并富含历史细节的分析——这本身就是英国经验主义最好的传统——有助于解释为什么乔伊斯的同胞作家都非常难以接受他。

在这本大胆的新书中，安德鲁·吉布森拓展了这种研究。过去的传记作者认为乔伊斯的身上之所以具有欧洲性和现代性，是因为在某种意义上他超出了他的爱尔兰同胞。但是，如果故事以相反的方式讲述又会怎么样呢？吉布森没有将乔伊斯在欧洲大陆的生活映射回他出生的小岛上，而是认为，不管怎样，乔伊斯1882年诞生于爱尔兰，这本身就意味着他已经是现代的了。他甚至大胆地将乔伊斯青年时期的爱尔兰作为现代世界的范例。就像乔伊斯所做的那样，吉布森也从这一点向外扩展。吉布森眼中的艺术家不是软弱无力的唯美主义者，也并非只注重形式的浪荡儿，而是一个充满了使命感的男子汉，他探寻可能将自己从政治的、宗教的、艺术的严格规则中解放出来的方式。对乔伊斯的唯一剧本《放逐》（*Exiles*）的精彩而富有创新性的读解，就是这种研究的鲜活例证。

吉布森断言：''乔伊斯的全球化是走在世界全球化之前的。''如果帝国主义本身就是全球性的事件，那么对它的抵抗体制也是全球性的。当经济联合抵制的政治无疑成了''战争的最高形式''（乔伊斯语）时，帕乃尔（Parnell）或者德瓦勒拉（De Valera）就成了尼赫鲁主义者或甘地主义者的榜样。吉布森明确认为，虽然作为全球性的后殖民主义理论家的乔伊斯，是对爱尔兰体验的表达，而非脱离，但他也想去挑战狭隘的国际主义者。乔伊斯仍旧被爱尔兰模式的思想者所喜爱，如巴黎知识分子、都市马克思主义者和北美的教授们。他较好地解释了乔伊斯出于短期策略的原因，是如何默许《尤利西斯》的全球性认知的。他通过给早期的评论家提供荷马式的类比，使被繁琐的都柏林细节所困惑的读者们认为这本书的核心是欧洲主题，从而可能觉得舒服些。

通过睿智的研究，吉布森坚信乔伊斯是一个思想型的艺术家，作为批评家的乔伊斯要比作为诗人和小说家的乔伊斯出现得更早。通过乔伊斯对乔治·梅瑞迪斯（George Meredith）评论这条别出心裁又贴切恰当的线索，吉布森认为《尤利西斯》是可以被当做哲学文章阅读的小说之一。

吉布森自身学识的力量在于，他对英格兰与爱尔兰的历史、科学和物质文化在社会、知识和宗教细节等方面的自信把握，而这正是乔伊斯作品的源泉。那时如果哪个爱尔兰学者敢于声称乔伊斯是反殖民作家，其作品很可能被等同于爱尔兰共和军运动而遭到指控，吉布森的大部分研究都指向这段时间。吉布森敏锐地评论道，英国人总是那么善于掩饰他们殖民暴力的后果；也非常清晰地意识到，许多爱尔兰知识分子一旦位列伟大作家之列，就会为他们的同胞爱国者感到羞耻。颇具讽刺意味的是，英国人造就了一个彻头彻尾的现代主义者的乔伊斯。难怪吉布森在这本书的后面评论说，阅读可以被看做是对历史伤害的"一种补偿"（狡猾且诙谐地模仿研究乔伊斯的英国访问学者海恩斯的笔调）。

如果国际主义的乔伊斯研究学者经常感到有负罪感，那是因为他们和曾经的英帝国主义者一样，对乔伊斯故乡土生土长的文化不感兴趣。英帝国对吉布森自己所选择的研究领域极为不满，那么吉布森为"拯救"一个爱尔兰的乔伊斯所发表的公开声明，是不是可能使这样一个陈旧的问题更加复杂化呢？他对乔伊斯的研究证明了萧伯纳（Grorge Bernard Shaw）像恶作剧一样的论点，爱尔兰是世界上仍能产生历史上理想英国人的最后的地方之一。

这里面可能有爱尔兰人对英国自由派和左派长时间感兴趣的真正原因。英格兰也存在一个没有解决的民族问题，近两个世纪以来被大不列颠的概念所推迟或偏离。一项研究表明，一个激进的为同胞的精神自由而奋斗的都柏林人，可能会有很多想法要告诫那些想重拾威廉·布莱克（William Blake）或者帕西·比希·雪莱（Percy Bysshe Shelley）事业的英国人。

虽然他知道，英国人在爱尔兰的存在是建立在不道德行为基础之上的，并且是依靠暴力维持的。但是当吉布森向我们展示乔伊斯是多么苛刻地对待都柏林心胸狭隘的民族主义者时，他也同样犀利无比，因为这些人模仿了英格兰本土主义者最无耻的行为。吉布森自己对乔伊斯巨著的重新阅读，也可以被看做是英格兰和其自由道德史的其中一章。

第一章

历史、政治和乔伊斯传记

2004年6月16日是詹姆斯·乔伊斯的《尤利西斯》的百年纪念日，《尤利西斯》的故事时间就设定在100年前的这一天，现在被称为"布鲁姆斯日"。尤利西斯的故事当然发生在都柏林，2004年6月16日，整个都柏林似乎完全被这位伟大作家的精神和作品所吸引，最大规模的和最豪华的乔伊斯国际会议正在进行。远至中国以及秘鲁的学者在都柏林随处可见，或在正式场合，或在会议室，或在街道上，或在酒吧里。但是这次活动的看点绝非是学术达人的聚会，在最著名的乔伊斯酒吧外庆祝的人群中，学者们并非特别引人注目。你同样可能碰到一个来自哥本哈根的"女性阅读小组"，以及一些来自首尔的欢快的乔伊斯迷，或者来自温哥华的乔伊斯研究协会，另外还有很多各种各样的爱尔兰的乔伊斯爱好者们。

乔伊斯的名声是非比寻常的，他是20世纪最著名的文学家，他的影响跨越了地区、文化和领域。全球的乔伊斯产业，每年要比除莎士比亚以外的其他文学巨匠生产出更多的乔伊斯主题的学术和批评作品。乔伊斯也比除莎士比亚（或许还有简·奥斯丁）外的其他作家，吸引了更多的业余爱好者。乔伊斯的全球化是走在世界全球化之前的。评论他的人倾向于认为这个过程有着不可抗拒的逻辑。这种可能性在其作品中总是固有的，可参阅在《芬尼根的守灵夜》(*Finnegans*

2004年4月16日,都柏林的"布鲁姆斯"百年纪念日。

Wake)这部作品中语言的数量。有一种观点认为乔伊斯和乔伊斯研究的国际化可能部分是偶然发生的,或者决定的因素是历史的或者政治的。这种观点会被许多人认为是异端邪说。(是对乔伊斯天赋的侮辱。)从产业的观点看,这甚至可能被认为是糟糕的建议。(因为可能导致股市的崩盘。)

然而,事实是乔伊斯去世后的名声很大程度上是由历史事件决定的。当然,他在22岁的时候离开爱尔兰去了欧洲大陆,此后从未在祖国长住。他将自己看成一个流亡者,并日益为自己的世界主义感到自豪。但是在20世纪早期，正如之前的几个世纪，作为一个爱尔兰流亡者，或者作为一个在欧洲大陆自我放逐的爱尔兰人，是比作为一个欧洲人更加特殊的事情，更不用说是一个国际主义者了。与其说乔伊斯是主动变成一个欧洲的现代天才，不如说他是被动而变成的。这是事实，尽管他搬到巴黎的1920年，正是对巴黎现代艺术严酷考验的时期。乔伊斯迅速被推选为现代主义先锋的英雄人物，对此他不仅承认而且乐此不疲，因为这正好适合他自己的想法，但这并没有在实质上改变他是被动而成为的事实。

乔伊斯的巴黎事业偶然地逐步把来自爱尔兰的他铸造成了一个现代主义作家，正如来自西班牙的毕加索成为现代主义画家一样。乔伊斯实际上根本就是一个爱尔兰作家，首先，如果是绝非唯一的，他的作品时时处处都在关注爱尔兰的历史、政治和文化；同时，他的作品被视为具有现代性，虽然最初只是为了表达明确的、以爱尔兰为中心的主题。上述可能性很少被认真对待过。他所成长的大不列颠帝国倾向于误解或破坏他和他的艺术，而对准确评价他或者认同他的目标毫无兴趣。但是通过投身到乔伊斯所认为的天主教和民族主义运动，并为新发现的自由的挑战而欢呼，这样一个独立的爱尔兰也远未出现。现代主义者对乔伊斯的借鉴，并以此为后来者开辟道路，这鲜有疑问，因为不久以前，美国正在拯救身处自身泥潭的欧洲。

詹姆斯·乔伊斯国际基金会总部在俄亥俄州的哥伦布，最重要的乔伊斯期刊出现在塔尔萨。如果乔伊斯是一个国际现象，那么在主要的乔伊斯学者中，美国人一直占大多数。但是美国对于乔伊斯的卓越研究有其历史背景。美国解放欧洲以及马歇尔计划对随后的重建起着文化上的推动作用，最明显体现在1946年的富布赖特方案中，这使得美国学术工业进入了欧洲，这在以前是从来没出现过的。用美国学者埃尔斯沃斯·梅森（Ellsworth Mason）的话说，方案的其中一个影响是，"学者们就像蝗虫灾害一样袭击了爱尔兰"。[1] 爱尔兰是文学学者们的肥沃土壤，在本世纪的英语世界中产生了最精致和最高难度的文学，但没有成熟的本土学术传统来保卫其文学或宣称其优先权。而对美国的学术先锋们来说，却已经没有处女地了。

理查德·艾尔曼（Richard Ellmann）和休·肯纳（Hugh Kenner）已被证明是两位特别有影响的先驱者。艾尔曼是所有乔伊斯学者中最受称赞的，他写的乔伊斯传记仍旧被许多人认为是20世纪最伟大的文学传记。他是一位特别刻苦勤勉的学者，似乎设定了为当代文学人物写传记的严格、新颖、现代的能力标准。艾尔曼的乔伊斯评论具有重要的分量和影响，但是在他的叙述中总有一个漏洞，就是烦扰不安的原因。为什么他一直焦虑？到底是什么伟大的事业使他牺牲了如此多的生活、时间、舒适，甚至健康，在某种程度上还包括他人，其中有他所爱的人？艾尔曼大量的、令人印象深刻的著作对此的回答却是出

---

[1] 埃尔斯沃斯·梅森：《埃尔曼上都之行》，见《杂篇：论埃尔曼·理查德》，苏珊·迪克、德克兰·凯伯德、道格莱德·麦克米伦、约瑟夫·罗斯斯利编，（杰拉德·克劳斯，1989年），4—12页。

奇的简略。虽然年龄和成功使乔伊斯变得亲切，但在艾尔曼笔下，他是野心勃勃、固执己见和全神贯注于艺术的，艺术明显是他存在的理由。最终不难得出这样的结论，乔伊斯作为艺术家主要被个人的美学执著，甚至是其虚荣心所驱使。

肯纳的乔伊斯与艾尔曼的不同。虽然这两个学者的观点相差甚远，但肯纳的研究是对艾尔曼研究的必要补充，因为肯纳给了乔伊斯一个现代性的理由。然而，这一现代性被改造和理解为"国际现代性"，肯纳的乔伊斯属于尼采、爱因斯坦、海森堡、斯特拉文斯基、庞德、勒·柯布西耶。乔伊斯是现代思想实验和形式转变的伟大领袖之一，乔伊斯的作品是机械再生产年代的艺术，甚至是高科技的艺术。一个能在《芬尼根的守灵夜》中运用60种语言的人，明显具有像计算机一样的头脑。考虑到乔伊斯思想的现代性，毫不奇怪，他发现了爱尔兰的狭小、狭隘、狭窄、落后和低劣。从肯纳开始的传统批评通常认为，乔伊斯对于他的国家和人民，即便实际上是不怀敌意的，但也是漠不关心的。考虑到爱尔兰民族主义可能特有的无知、粗鲁和惯用的暴力，这个看法甚至具有道德的评价。最多，都柏林和爱尔兰是乔伊斯肆虐不羁的创新想象力的原料。

这样，在某种意义上自我隔绝的乔伊斯，现在在另外一种意义里却被切断了根源，因此孤零零地暴露在历史背景中。他的作品，看起来具有无限阐释的可能性。肯纳的介绍只是开了个头，乔伊斯被同时代的或者紧随其后的批评家所认同，仅举几例，如神话批评者、结构主义者、后结构主义者、马克思主义者、同性恋者、德勒兹学者和后现代主义者等。他可以在任何的历史背景下阅读，从巴黎"68"大罢工到2001年的贸易大厦废墟。如果《芬尼根的守灵夜》中"HCE"的意思是"大家都来了"，那么人们就会成群结队地开始觉醒，每个人就都有了一些乔伊斯式的行动。这个逻辑看起来或多或少是无可辩驳的，乔伊斯的现代作品不也超前了吗？经常被称为不确定性或者不可判定性，不也是含混的范例和精神上的后现代吗？意义没有从《尤利西斯》或者《芬尼根的守灵夜》中无限地挤压出来吗？试着和一个阅读小组坐下来，就任何一本书的任何一行文字达成一致意见。乔伊斯的作品变成了文学领域巨大的热带雨林，一个看起来丰富的无尽资源。乔伊斯也是爱开玩笑的，甚至默许对自己随意进行批评。乔伊斯说他精确地知道作品中每件事情的意义，在每个词后面都掩藏着一个特殊目的，这些甚至没有任何想象上的约束。

战后美国对乔伊斯研究的投入对提高乔伊斯的名声非常有意义，他对此表示欢迎，我们也非常感激。美国过去已经做过，并且将继续做大多数重要的工作：美国的图书馆储藏原稿和建立档案，美国的学者遍寻百科全书和字典，给我们提供事实，追寻暗指，研读旁注，在注释上面加注释，对阐释进行再阐释。在乔伊斯众所周知的模糊的作品中，他们解开隐秘或疑惑之处。看起来好像大量的、黑暗的、害羞的东西慢慢地从迷宫的地洞里被拽了出来。同样逐渐地，美国的产业与分支遍布全球的跨国产业变得不可区分。但有一些伟大的乔伊斯研究机构,如苏黎世弗里茨·塞恩的"詹姆斯·乔伊斯基金会"并不是美国的;精彩的乔伊斯《芬尼根的守灵夜》的新版本,其出处是欧洲的。乔伊斯的研究如同一个爆炸的星系,它们不可能消失在最终的黑洞或者终极中。

然而,具有反讽意味的是,外向扩展导致了内向聚集。对于乔伊斯,我们知道得越多,他作品中的一些方面看起来终究比其他方面越重要一些。学者们补充得越多,乔伊斯的作品就会变得越庞大,在某种意义上,我们似乎更难否认乔伊斯的作品处处都关涉爱尔兰主题或者问题。而且,文学和批评的后殖民主义转向提出了一些棘手的问题。乔伊斯产业可能在危险地复制殖民者傲慢的优越性,并对本土文化缺少感情吗?把乔伊斯与都柏林剥离,看起来如同把简·奥斯丁与其祖国切断一样,这是不恰当的。麦尔维尔带着"裴廊德号"遨游世界,并没有妨碍《白鲸》(*Moby-Dick*)成为一部真正丰富的美国史诗。或许,国际性的乔伊斯最终需要和另外一个乔伊斯联系起来,这个乔伊斯不仅表面上优于国际性的乔伊斯,而且具有乔伊斯自称的精神上的优越感。此外,这个乔伊斯在巴黎每天都收到爱尔兰报纸,他的巴黎朋友菲利普·苏波说:"每天,每个小时,他都在想着爱尔兰。"(《流亡艺术家的画像》[*Portraits of the Artist in Exile*],116页)可能乔伊斯作品的世界性的逻辑应当被解读为与爱尔兰逻辑有关,世界性的乔伊斯甚至可能是爱尔兰的乔伊斯的一种表达,而非脱离。

然而,没有一本乔伊斯传记是根据这个假定来写的。虽然有的学者，像彼得·科斯特洛（Peter Costello），对都柏林的乔伊斯做了很好的阐释，但在某种意义上，没有人从相反的角度解读乔伊斯，无论是从产生真正重要的成熟艺术家的城市，如的里亚斯特、苏黎世、巴黎，还是到默默无闻、毫无经验、停滞不前、处于世界边缘的小小都柏林。因此，当本书对之前的传记大力借鉴的同时，也试图用稍微不同的方式来讲述这个故事。

第二章

帕乃尔、芬尼亚共和主义和乔伊斯一家

詹姆斯·乔伊斯1882年出生于都柏林的一个中产阶级天主教家庭，只有了解19世纪80年代乔伊斯家庭的变化，以及此变化与这20年爱尔兰政治发展和文化变革的关系，我们才能完全明了乔伊斯作品中的诸多方面。当乔伊斯出生的时候，其家族正兴旺发达，父亲约翰·斯坦尼斯劳斯（John Stanislaus）刚在科克买了房产，而且也刚开始都柏林市政府税收员的工作。这份工作是极受尊重的，需要得到时任爱尔兰总书记的英国官员的认可，工资待遇很丰厚。乔伊斯可以感受到，他们进入了都柏林社会的上流阶层。他们能够雇用佣人，拥有体面的朋友；在19世纪后半期，约翰甚至将家搬到了富裕上流社会居住的布雷地区的一所大房子里，他每天乘车上班。约翰特别喜欢詹姆斯——这个幸存下来的孩子中的长子，并对其抱有很大希望，把他寄宿在爱尔兰最好的一所耶稣会教士开办的天主教学校——克朗高士森林公学（Clongowes Wood College），以便接受绅士教育。然而在80年代后期，约翰·斯坦尼斯劳斯因为酗酒过度而债台高筑。1891年，他无奈地让儿子从克朗高士森林公学退学。1893年，他丢掉了市政府税收员的职位，几近破产，不得不将全家从都柏林舒适的南郊搬到了凄凉且相对落后的北部。乔伊斯一家在80年代的经历和《青年艺术家的画像》(A Portrait of The Artist as a Young Man) 中第一章的情景非常相似,他将我们从一个仪容讲究、穿着体面和拥有奢侈的圣诞晚餐的世界,带到了一幅"悲惨伪善的景象"中。此句是第二章的开头。(《青年艺术家的画像》,69页)

80年代乔伊斯一家的命运和查理斯·斯图尔特·帕乃尔(Charles Stewart Parnell)非常相似,他对乔伊斯的影响是不可估量的。詹姆斯·乔伊斯出生之时正是帕乃尔事业发展迅猛之际,他在克朗高士森林公学的最后几周,恰好赶上了帕乃尔的去世和葬礼。在很长一段时间里,和丹尼尔·奥康内尔(Daniel O'Connell)一样——但奥康内尔不仅在一时——帕乃尔是19世纪爱尔兰两位杰出的政治领袖之一。作为一个态度傲慢、仪表堂堂的英裔爱尔兰贵族,帕乃尔不仅赢得了爱尔兰所有人的敬重,也得到了许多英国人的钦佩,著名的如格莱德斯通(Gladstone)。至少在地方自治的思想范围之内,他献身于爱尔兰的独立事业,从1875年起,他是米斯郡地方自治议院议员,在1880年他当上了爱尔兰国会主席。整个80年代,他工作、奋斗、谋划,以便结束1801年《合并法案》以来建立起的英格兰和爱尔兰的联合体。

有很多原因使得帕乃尔吸引了他的同胞,他们看到了他对英国的政治、经济和文化利益有着强烈的敌视;他们感激他在英国议会挑衅的"蓄意阻挠者"的策略,事实上这极大地得罪了英国人,他们把帕乃尔看做是英国规则的伟大破坏者。但是对于英国人,他是死板的爱尔兰的一个激进的例外。爱尔兰政治家容易激动和容易被激怒，所以也很容易被操纵。相对而言，帕乃尔是狡黠的、镇定的、难以安抚的。乔伊斯的父亲非常羡慕帕乃尔的自制，如同奥林匹克山神的超然卓立的习惯。帕乃尔也因为他在爱尔兰政治领域的朋友蒂姆·希利所称的"卓越的静默"[1]而闻名。爱尔兰的鼓动者通常被认为言语过多，但帕乃尔却不拘言笑，几乎沉默寡言。他特别关注爱尔兰人的卑贱形象（和自我形象），实际上他们之所以没有被蔑视，是因为经常被保护。爱尔兰人民必须找到他们自己的真正权力，当然，对于19世纪80年代的爱尔兰人来说，帕乃尔正是这样一个人物，他成为爱尔兰的骄傲和自信，以及与英国平等的符号。除此之外，他也成为爱尔兰在国际舞台上的代表人物。同样对于乔伊斯，无论其在年轻时，还是在成年之后，帕乃尔都是贯穿他的美学历程的推动力量。

但是在19世纪80年代的最后一个月，事情发生了转变。在一场离婚案中，威廉·奥沙（William O'Shea）上尉将他的妻子凯瑟琳（臭名昭著的基蒂·奥沙[Kitty O'Shea]）告上了英国法庭，帕乃尔作为通奸的共同被告被传唤到法庭。格莱德斯通迅速断定，这件丑闻将危及英格兰自由党政府和爱尔兰国会之间的同盟关系，这曾是他和帕乃尔精心促成的。爱尔兰天主教会也站出来反对帕乃尔。帕乃尔如此

---

[1] 引自R·巴里·奥布莱恩：《查理斯·斯图尔德·帕内尔的生活》，附有国会议员约翰·E.雷德蒙的序言，伦敦，1910年，87页。

第二章　帕乃尔、芬尼亚共和主义和乔伊斯一家　019

"能想象到的最非凡事情莫过于在威斯敏斯特令人窒息的道德中出现的理智现象。"(《帕乃尔的影子》,《批评和政治作品杂集》[Occasional, Critical and Political Writing], 194页):帕乃尔因为妨碍罪被从众议院驱逐, 1881。

成功铸造而成的重要政治机器——爱尔兰国会,迅速分裂为支持帕乃尔派别和反对帕乃尔派别。这种裂缝在社团、组织、家庭和朋友之间危险地蔓延着,帕乃尔如此殚精竭虑统一起来的爱尔兰,迅速地将自身撕裂为两半。在《青年艺术家的画像》的圣诞晚餐一节中,虚构的约翰·斯坦尼斯劳斯·乔伊斯和他的老朋友约翰·凯西,反对令人尊敬的中产阶级天主教朋友但丁·赖尔登的对抗场景,淋漓尽致地展示了盛怒的火山爆发。结果是极具破坏性的对抗，两边依然被同样失望的痛苦纠结在一起。

约翰·斯坦尼斯劳斯的人生跟随着帕乃尔的轨迹。都柏林中产阶级的一个阶层被非常稳固地赋予了权力，自从1829年的奥康内尔和《天主教解放法案》以来，这个阶层的生活有了改善。但是帕乃尔主义也赋予了都柏林社会中另外一个天主教阶层权力，乔伊斯一家就属于这个阶层。该阶层在帕乃尔的崛起中发现了机会，并且发展顺利，但是随着帕乃尔的衰落，这个阶层在社会和经济方面前景黯淡，因为帕乃尔突然式微而遭受了痛苦。不同于克朗高士森林公学其他天主教孩子的父亲，约翰·斯坦尼斯劳斯的财产得不到任何保护，他自己也缺乏保护的意识。帕乃尔在1891年去世了，约翰·斯坦尼斯劳斯就像很多哀悼者一样，站在雨水中目送着帕乃尔被埋葬在都柏林格拉斯内文墓地里。他自己最好的愿望，如同他的许多朋友一样，就这样跟随帕乃尔死去，这些人在后来的《都柏林人》（*Dubliners*）、《青年艺术家的画像》和《尤利西斯》中都出现过。

因此《青年艺术家的画像》中约翰·凯西的身份便举足轻重了。凯西是一个身强力壮者，也就是说，是一个芬尼亚会会员。约翰·斯坦尼斯劳斯并没有很快加入帕乃尔派的事业，这里面既有家庭的因素，也有性格的原因。在某种程度上，他更被另外一个政治阵营芬尼亚会所吸引。然而，如果想理解此中原委，我们需要回溯一下爱尔兰历史。因为在19世纪的前20年，天主教爱尔兰的伟大精神首领一直是

第二章　帕乃尔、芬尼亚共和主义和乔伊斯一家　021

"热爱并赞美他。"(《尤利西斯》,7.883):都柏林人在爱尔兰国会前欢迎丹尼尔·奥康内尔。

奥康内尔。奥康内尔的权力和威信是如此之大,以至于他迫使英国人解放了爱尔兰天主教徒。乔伊斯非常熟悉这段历史,在《尤利西斯》的第七章里,他让斯蒂芬·迪达勒斯对奥康内尔大加赞颂。乔伊斯的敬意是毫不奇怪的,因为他的一个祖先在19世纪40年代嫁到了奥康内尔家族。在乔伊斯父亲的早期生活中,奥康内尔的重要性显而易见,所以此后父亲将这一理念传给了儿子。[1]

但是在奥康内尔、乔伊斯父子之间,隐约可见的是19世纪40年代

---

[1] 更多的参考资料,参阅约翰·怀士·杰克森、彼得·科斯特罗:《约翰·斯坦尼斯劳斯·乔伊斯:多产的和天才的詹姆斯·乔伊斯的父亲》,伦敦,1997年,20—23页。

末期的马铃薯大饥荒，这有着深远的影响，其中很多因素对于乔伊斯的作品非常重要。主要表现之一就是强烈地反对英国作风，这源自大不列颠政府面对灾难的懒惰和明显的渎职。这种非常容易理解的敌意，即便在某种程度上是无意的，也直接导致了芬尼亚共和主义。芬尼亚共和主义起始于1958年，是密谋的、宣誓的和神秘的社团爱尔兰共和兄弟会以及芬尼亚兄弟会的组合。芬尼亚会会员是（经常是浪漫的）民族主义者，他们想成立一个独立的爱尔兰共和国，并认为通过武力可以实现。在19世纪中后期的政治领域中，许多重要的名字都与此运动相关，不止是那些在乔伊斯的作品中出现的人物，像詹姆斯·斯蒂芬和约翰·奥莱利。

约翰·斯坦尼斯劳斯的爷爷据说是白衣会会员，这是18世纪和19世纪早期参加芬尼亚会的秘密农民组织。乔伊斯的爷爷强烈地反对教权，他将这种反叛传给了他的后代。在那时，芬尼亚主义在约翰·斯坦尼斯劳斯所成长的爱尔兰部分地区流行，作为圣科曼学院的学生，他受到了芬尼亚人的影响。他的朋友有的是芬尼亚会会员，包括军火走私者和炸药使用者。在19世纪70年代，他可能和芬尼亚主义者一起训练过。[1] 在《尤利西斯》中，小说的自我形象仍旧模仿芬尼亚人的密码。真实情况是，他在80年代刚获得的体面生活和他的帕乃尔主

---

[1] 更多参考资料，参阅《约翰·斯坦尼斯劳斯·乔伊斯：多产的和天才的詹姆斯·乔伊斯的父亲》，16—17页，37页。

义，使他与以前如此接近的反叛文化产生了距离。但是，正如《青年艺术家的画像》中所展示的，这古老的忠诚从来没有消退过。无论如何，在1890年离婚丑闻后，帕乃尔自己在政治泥潭中开始向芬尼亚人求援，他越来越多地表示出他对芬尼亚人有着天然的亲近感。像小说中在英国监狱受苦的约翰·凯西一样，他也开始从事那些政治囚犯，如被定罪的芬尼亚人和炸药使用者的事业。他几乎认为芬尼亚主义是爱尔兰民族主义的中心，芬尼亚人以同样的方式做了回应，宣布他们对帕乃尔衷心拥护。

总之，乔伊斯所生长的家庭具有政治和文化上的反抗性格，或具有乔伊斯后来所谓的"继承的反抗正统的韧性"（《尤利西斯》，17.23），这在他的嬉笑怒骂和作品中可以看出。这种抵抗实际上是两方面的，芬尼亚人对英格兰的敌视是毫不妥协的，但他们也是天主教教士传统的敌人。他们清楚地知道这一点，这是乔伊斯的父亲一直告诉他儿子的，也是乔伊斯在自己的作品中所强调的。从历史上看，引用爱尔兰社会主义者詹姆斯·康诺利（James Connolly）的话，爱尔兰的天主教总是选择和大不列颠政府"妥协性地讨价还价"。[1] 康诺利声称，从12世纪大不列颠第一个入侵者的到来，到帕乃尔的衰落，天主教特权阶层一直证明是爱尔兰的大不列颠政府的政治帮凶。康诺

---

[1] 见詹姆斯·康诺利，《著作选》，P·贝里斯福特·爱丽斯编，哈蒙兹沃斯，1973年，57—117页，特别版，60—64页。

利对青年詹姆斯·乔伊斯产生了影响，乔伊斯小说中个性的另一个方面，年轻的斯蒂芬·迪达勒斯就在《尤利西斯》中表达了康诺利的观点。帕乃尔的命运看起来充分证明了康诺利的见解，帕乃尔自己最终承认了一个重要的芬尼亚人的事实，他在自己事业的最后时期辩护的是芬尼亚人的反教权，而非迫使自己倾向天主教。

《尤利西斯》中的斯蒂芬宣称大不列颠政府和天主教堂这两个爱尔兰的主人是他的敌人，同时也明确地表明了他和芬尼亚传统的结盟，第二章里出现的他和凯文·伊根的友谊更加具体地证明了这一点。伊根的原型是芬尼亚流亡者约瑟夫·凯西（Joseph Casey），在1902年末到1903年初的巴黎，通过和凯西父亲的联系，乔伊斯遇到了凯西，他发现凯西是志同道合的伙伴，于是和他一起度过了很多时光。迈克尔·戴维特（Michael Davitt）对凯西的描述是："对炸药有兴趣并对苦艾酒有瘾的人。"乔伊斯将这两者也赋予了伊根。更重要的是，凯西参加了营救爱尔兰共和兄弟会成员的活动，他们因为1867年的"曼彻斯特烈士事件"和伦敦的克拉肯韦尔监狱爆炸事件而为众人所知。史蒂芬对《尤利西斯》中凯西这个虚构人物的搜集意义重大，凯西及其所代表的人物现在在爱尔兰被忽略，更说明了这一点。对于乔伊斯父子，和帕乃尔一样，芬尼亚主义是一个值得信任的老伙计，可以用它来抨击新的政治趋势。在《尤利西斯》的第二章，阿尔斯特的新教徒戴汐将斯蒂芬称为芬尼亚人的时候，他并非完全正确。斯蒂芬特别像乔伊斯，是一个和平主义者，虽然如此，戴汐也绝非完全错误。

非常明显的是，在年轻的斯蒂芬·迪达勒斯和完成《青年艺术家的画像》大约十年后开始写《尤利西斯》的成熟的乔伊斯之间，存在着巨大的鸿沟。同样明显的是，乔伊斯的作品没有同时对英格兰和罗马天主教表示绝对的反对，更不用说是粗鲁的反对了。事实上，人们没有意识到反讽、复杂、例外或微妙，而确实倾向于一概而论（或者经常一概痛斥）。其实乔伊斯不相信爱尔兰共和党人和民族主义者的传统，他羡慕并喜欢英国生活和文化的许多方面，从英国的天主教知识分子（纽曼）到伟大的反抗的作家（弥尔顿、布莱克、拜伦、雪莱），再到英国的社会主义者。他不断地控诉英格兰拒绝承认受惠于爱尔兰，但是他自己也清楚地意识到自己受惠于英格兰。他知道英格兰在赋予的同时也剥夺了自己，如果他对现代爱尔兰天主教教堂行为的态度不是蔑视而是傲慢，那是因为他复杂的知识分子的思想受惠于从阿奎纳到纽曼的天主教。英裔爱尔兰文化中最使其恼怒的一个方面就是，倾向于将天主教从爱尔兰的历史画面中抹除。当他宣称他有一个中世纪的而非现代的思想时，他在正式宣布他对伟大的中世纪艺术家的认同感，如但丁、拉伯雷、中世纪的建筑师和工匠。《尤利西斯》所确立的结构原则的模式是中世纪和天主教的，正如但丁在《飨宴》（*Convivio*）中的天堂或者哥特式天主教堂的建筑设计一样。乔伊斯宣称，天主教虽然是荒谬的，但却是有逻辑的荒谬，而且他并没有打算抛弃它，因为新教是逻辑混乱的荒谬。

然而，即使被认为是伟大的复杂态度，乔伊斯的反正统也超越了任何严肃的问题。他的极端思想,他对两大统治和处处留有他们痕迹的文化结构的反对,在其著作的每个角落和缝隙中都压抑不住地流露出来。确实,重点不仅仅是乔伊斯的美学实践极大归功于芬尼亚主义和帕乃尔主义,而且由于他的巨大成功,乔伊斯的反正统成为现代主义的基石。这就意味着,现代主义自身也受惠于芬尼亚主义和帕乃尔主义,以及他们对英格兰统治的反抗意志。

第三章

90年代都柏林的青年时期

在《青年艺术家的画像》的第一章中,乔伊斯回忆了帕乃尔的棺材回到都柏林的景象,许多哀伤的群众迎接棺材的到来,极度的哀伤让青少年男子情难自禁。在第二章中,年轻的斯蒂芬·迪达勒斯不得不提醒自己,确实是帕乃尔而非自己去世了。失去帕乃尔的震惊和其持续的意义,被最大程度地激发出来。爱尔兰人授予帕乃尔首领或无冕之王的称号。虽然他不属于天主教家族,却化身为爱尔兰的拯救者、将其人民从囚禁中引导出来的摩西。信奉天主教的爱尔兰自从18世纪进入不平等的殖民地时期之后,就开始渴望这个虚构的人物,所以毫不奇怪,帕乃尔的去世意味着爱尔兰政治希望的终结和政治斗志的长期萎靡。帕乃尔政党因内部争斗而日趋衰落,芬尼亚主义也同样因四分五裂而处于低潮。在爱尔兰政治领域中,如康诺利和爱尔兰社会主义者、阿瑟·格里菲斯(Arthur Griffith)和新芬党(Sinn Féin)这些可能出现的新星,尚需很多年之后才会出现。虽然乔伊斯的短篇小说《会议室里的常春藤日》(*Ivy Day in the Committee Room*)有明确的关注点,但是也恰当地抓住了时代的情绪,小说里这群人物的特征是对帕乃尔时光非常苍白的怀旧,但是他们卷入了卑鄙的市政选举中,对比如游说者的回报(免费的啤酒),也一样关心看重。乔伊斯尖锐地让他们坐在透着白光的炉火灰烬旁边。

第三章 90年代都柏林的青年时期

诗人叶芝认为，爱尔兰的现代文学，准确地说是开始于帕乃尔的衰落。一个醒悟的和愤怒的民族从国会政治中抽身出来，将其创造性的能量投身于文化。[1] 当然，19世纪90年代发生了文化大爆炸，然而，要想理解它，我们必须追寻历史的足迹。从18世纪晚期开始，爱尔兰的学者（指的是新教贵族的学者），没有人对古代爱尔兰做过更多的研究，其中一个例外是天主教诗人詹姆斯·克拉伦斯·曼根（James Clarence Mangan），乔伊斯自觉地将其视为爱尔兰文学的先驱。所有这些工作的高潮是斯坦迪斯·奥格雷迪（Standish O'Grady）的《爱尔兰历史：英雄时代（1878—1881）》(*History of Ireland: Heroic Period[1878—1881]*)。奥格雷迪的这本书具有巨大的影响，它正好在乔伊斯出生前出版，是这个时期爱尔兰历史传记中最重要的作品，然而这并不是奥格雷迪所称的"学者们耐心忍受的结果"。[2] 奥格雷迪关心爱尔兰前基督教时期的史诗，他的资料既有神话的，也有历史的，如传说、英雄传说、"游吟诗人的故事"。[3] 用（奥古斯塔）格雷戈里（Gregory）女士的话说，这种历史的写作并无法"保证是真实的"。[4]

奥格雷迪的这本书影响深远，它是爱尔兰复兴运动的基础文本。

---

[1] W. B. 叶芝：《自传》，伦敦，1955年，554页。
[2] 斯坦尼斯·奥格雷迪：《爱尔兰历史：英雄时代》，2卷本，伦敦，1978—1981年，第2卷，40页。
[3] 同上书，第1卷，10页。
[4] 奥古斯塔·格雷戈里夫人：《吉尔塔坦历史书》，都柏林，1909年，51页。

理解复兴运动对于理解乔伊斯和他的作品非常重要，特别是《青年艺术家的画像》。复兴运动是非常多元的现象，它所产生的活动和团体也是多元的，其影响超出了都柏林，也超出了爱尔兰，最著名的是伦敦的爱尔兰社区。但是复兴主义的两个方面对于乔伊斯是非常重要的。一方面，盖尔人的复兴主义者，像道格拉斯·海堤（Douglas Hyde）、约恩·麦克尼尔（Eoin MacNeill）、帕特里克·帕尔赛（Patrick Pearse），专心致志于唤醒爱尔兰文化或传统中的一些受压抑的、被遗忘的或者被掩埋的特色：爱尔兰的游戏、娱乐或者语言本身。如果帕乃尔之后的爱尔兰没能获得政治独立，它至少能够确认自己真正的文化身份。在19世纪80年代和90年代，一些组织开始出现，如凯尔特人文化社团、盖尔人联盟、盖尔人运动员组织、"爱尔兰之女"。在90年代，这些社团明确地认为文化比政治重要，他们甚至远离政治。

另一方面，90年代也出现了英裔爱尔兰文学复兴运动，主要代表是W. B. 叶芝、乔治·摩尔、格雷戈里夫人、爱德华·马丁、J. M. 辛格和乔治·罗素，罗素有时也被称为AE。乔伊斯也被认为是其中一员，但是不同于大部分主要的盖尔人复兴主义者，这些英裔爱尔兰人正如早期的学者一样，大部分来自统治家族，是地主或富裕家庭的后代。他们大多数是"陌生人"的后代，是大不列颠入侵者中相对小的团体（用乔伊斯的话说），在历史上依然成功地征服或者占领了爱尔兰。他们和天主教以及凯尔特人的爱尔兰之间的差别，经常被认为是种族方面的，现在仍旧这样。在这个问题上最重要的是阶级，乔伊斯和天主教文化,与爱尔兰英语文化的争斗是长期的、持续的和激烈的阶级差异问题,例如有权还是无权,有财还是无财。两种爱尔兰之间的差异不仅是经济的,更深刻的是文化的。

然而到了19世纪90年代,英裔爱尔兰人明显走到了历史的尽头。自从奥康内尔之后,除了阿尔斯特(Ulster),爱尔兰的天主教主导权力稳定增加,最终导致了某种形式的独立,这点越来越清晰。爱尔兰统治阶级的权力相对苍白,帕乃尔看到了这一点,这便是他宣布支持爱尔兰天主教的部分原因。因为帕乃尔的榜样作用,作为最后防线的英裔爱尔兰复兴运动,打算用文化换取政治和经济权力。英裔爱尔兰的复兴主义者希望自己更加安全地依附于这个看起来正从他们的控制中慢慢滑脱的国家,他们的目标是文化的统一或者融合,这正是叶芝所努力的"文化融汇"。[1] 他们努力地在英裔爱尔兰人和盖尔人的世界中找到共同的基础。然而麻烦之处是和谐之梦与现实相距甚远,因为实际情况是遍及各处的分裂状态,正如很多殖民文化中,他们在爱尔兰的权力之所以兴盛是源自在英国所存在的不平等,这产生了深层的分裂和冲突,而且,英裔爱尔兰复兴主义者或多或少默认他们的文化背景、教育和特权的社会地位,应该使他们在新的爱尔兰文化中享有领导者的地位。天主教徒和民族主义者不愿意让他们这样做,即使这会让他们在后来的历史学家那里得到不好的评价。

---

[1] 里昂:《爱尔兰的文化和混乱:从1890年到1939年》,牛津,1979年,57页。

对于越来越常见的民族主义者向英裔爱尔兰复兴主义者不满的表达，乔伊斯公然反对。对于复兴主义者所创作的一些艺术，乔伊斯非常赞同。他知道，特别是叶芝，正在写精致优美的诗歌，尽管诗人自己对于美的主要动力也不能给出全面直接的表述。当1899年一个民族主义者的观众对叶芝的伟大剧作《凯瑟琳女伯爵》(*The Countess Cathleen*)发出嘘声的时候，乔伊斯是挑战性地为之鼓掌的其中一人。但是他也意识到，他卷入了同英裔爱尔兰人的争斗，其领域既是政治的也是文化的，爱尔兰的未来正如同过去一样非常危险。当斯蒂芬·迪达勒斯在《尤利西斯》(第九章，740页)中和一群英裔爱尔兰复兴主义者产生争斗时，他沉思地说："小小的美丽，他们也要从我们这里，从我这里夺走吗？"乔伊斯的答案，正如斯蒂芬回答的，明显持否定态度。结果是，他开始了挑战英裔爱尔兰复兴主义者的计划，这计划对于不赞成叶芝戏剧的人来说，是非常难以理解的。

跟随帕乃尔而来的政治分裂和停滞、衰落和失望，以盖尔人复兴为典型的爱尔兰文化民族主义的兴起，以及英裔爱尔兰人文化上的没落，这些是乔伊斯青年成长时期最重要的三个社会文化特征，它们或大或小地影响了乔伊斯的生活方式，无论是心理和智力层面，还是实际层面。一方面，乔伊斯家庭的命运从糟糕走向了更糟，而同样更糟的是约翰·斯坦尼斯劳斯的习惯和健康。他不得不卖掉科克的房产，搬到了德拉姆昆德拉下层社区(具有重大意义的是，斯蒂芬后来断言这个地方"能说最好的英语"。(《青年艺术家的画像》，193页)在一次喝醉酒的时候,约翰·斯坦尼斯劳斯试图扼死他的妻子,并如此宣称:"以上帝的名义,现在是到了结束的时候了!"(《詹姆斯·乔伊斯》修订版[*James Joyce*, revised edition],35页)然而,乔伊斯在学校并没有受罪。他的父亲将他无情地放到一所基督教兄弟学校,这里有"臭而脏的爱尔兰人"。但这只是一段小插曲,后来他到了贝尔弗迪尔大学。他所接受的耶稣会教育在质量上和在克朗高士森林公学很接近。此外,这里使他较好地掌握了一些语言(拉丁语、法语、意大利语),这对他以后的发展非常重要。

乔伊斯也对帕乃尔保持着忠诚,即使帕乃尔的事业已经过去了很长时间。在19世纪90年代早期,他写了一首诗,名为《还有你啊,希利?》谴责他所认为的帕乃尔副官的背叛。在之后的1897年,帕乃尔逝世的10月6日,他在衣领上戴了一片常春藤叶。斯蒂芬在《青年艺术家的画像》(83页)中,孤独而倔强地为拜伦辩护,因为他被攻击为"一个坏人"。这仿造了乔伊斯生活中的一个例子,其根源是确信乔伊斯与帕乃尔的命运息息相关。爱尔兰的天主教和维多利亚时期的英格兰在性方面,有着共同的清教徒式的压抑道德,爱尔兰民族主义者对此也是一样的,英裔爱尔兰也同样谨小慎微。正如他所说,他们很幸福地做着恍惚的梦,让乔伊斯成为带走他们的污秽溪流的下水道。维多利亚时期的英格兰和爱尔兰在性道德方面是有破坏性的,不仅仅体现于心理和艺术上,也体现在政治上。当然,乔伊斯自己很快就抵制它了,他14岁时在运河岸上将贞操给了一个妓女。他的性道德让他和高雅的都柏林文化产生了距离，尽管他和国会议员大卫·雪莱一家保持着联系（后来更多地只和雪莱本人联系）。性也让他陷入了麻烦，尤其是在贝尔弗迪尔的耶稣会权威人士那里，当地的教区牧师将他描述为"有走邪路的倾向"。（《詹姆斯·乔伊斯》修订版，48页）乔伊斯忏悔并且感到羞辱，他再次投降了。这次乔伊斯知道已无退路，他和他的作品将会由于大量的性描写而臭名昭著。然而又一次，乔伊斯表现出和帕乃尔同样的执拗，这来源于他无畏地嘲笑他所倚靠的虚伪文化的决心，他不愿意在性问题上被两个主人要挟恐吓。

帕乃尔的幽灵——作为领导者的幽灵，不但紧紧地控制了殖民者，也极大影响了詹姆斯·乔伊斯青少年时期的行为。他构造了"行为的谜"（《英雄斯蒂芬》[Stephen Hero]，27页），形成了有意的傲慢——一种静默的超然和看起来对周围世界的漠然。这部分是对他父亲所带给这个家庭的华丽生活的痛苦，他因此而"颇受伤害"。（同上书，29页）但是年轻的乔伊斯身上的知识分子的高傲，也是一种支持帕乃尔的姿态，从文化角度看，他固执地认为人们背叛了帕乃尔，因此也背叛了爱尔兰。这是他宣称不同情盖尔人复兴主义者最重要的原因。在"爱尔兰特色"这个所谓的最有利的称号之下，例如重点强调的是健康与合适，或者盖尔运动协会的军队精神，乔伊斯进行非凡并且敏锐的反讽，讽刺对象不仅仅是对教会奴役的顺从，也是对英国当代文化模式的持续奉承。对于文化民族主义自身，其在成为一个爱尔兰现象之前是一种英国现象，对其反讽至少是正确的。这样，在《青年艺术家的画像》中,斯蒂芬强调拒绝他的校长"听起来是空洞的声音",他作为一爱国主义者和民族主义者,鼓励乔伊斯成为一名好的天主教徒,"强壮、有力和健康"并对国家真诚。(《青年艺术家的画像》,86页)盖尔复兴主义者看起来拒绝年轻乔伊斯所重视的"沉思"、"思想的刚毅"和"灵魂的独立"。(《英雄斯蒂芬》,77页,100页,111页)这些本身就是伟大的帕乃尔的美德在美学和知识上的观点。确实,更有能力实践上述观点的文化不会抛弃帕乃尔和他的政治事业。

然而,在19世纪90年代,乔伊斯从未和英裔爱尔兰复兴主义者疏远过,这没有什么奇怪的,至少叶芝正在创作20年来最好的英国诗歌。乔伊斯现在丢失了最早的诗歌集《心情》(*Moods*),这个题目具有明显的叶芝特色——确实,年轻的乔伊斯非常情绪化,表现特别多的是忧伤的情绪,他接受了许多90年代复兴主义者诗中忧伤的主流(虽然已有了乔伊斯特色的变形)。《青年艺术家的画像》告诉了我们很多信息,例如在第二章中,斯蒂芬·迪达勒斯看起来正在变成叶芝所称的"空想的孩子"、"无力的和疲倦的""满含悲伤的脸"。[1] 乔伊斯也具有特别的帕乃尔式的忧伤,在90年代,这很大程度上被复兴主义所驱动。之所以如此,是在想象去世的帕乃尔,而非活着的帕乃尔。实际上,他们被叶芝所称的"帕乃尔的影子"缠绕着。(《批评

---

[1] W. B. 叶芝:《凯尔特曙光:男人和女人,红狐和仙女》,伦敦,1893年,48—49页。

"空想的孩子",阿尔泰亚·格瑞斯被推荐为叶芝的《苇间风》(The Wind Among the Reeds,1899)设计的装帧作品。

和政治作品杂集》,191页)[1] 英裔爱尔兰复兴主义者不仅仅致力于对爱尔兰历史的长久沉思,而且他们在文学上也是博学的,并且专心于此。乔伊斯开始模仿他们,贪婪和令人吃惊地进行广泛阅读。而天主教民族主义者倾向于跟从教会,他们那时虽然对现代性已不再敌视,

---

[1] 乔伊斯跟随他,在1912年为他写了艾尔·皮卡罗·德拉·赛拉,题目是《帕内尔的影子》,见《批评和政治作品杂集》翻译,《康纳·迪恩》,牛津,2000年,191页,336页。

但仍持怀疑态度。复兴主义者对最新的文学潮流感兴趣，不仅仅限于欧洲范围。乔伊斯学习他们，最明显的表现是对易卜生——另外一位来自弱小的现代民族并且敢于讲述真理的伟大天才——的爱戴。这个弱小的民族从欧洲的边缘开始浮现，准备将自己从外国势力的占领中解放出来。叶芝和他的同伴具有同样真诚与强烈的雄心，不仅仅是为了自己，也是为了爱尔兰文化。他们想用英语创造一个伟大的欧洲文化，那是他们对于现代爱尔兰文化的理解。乔伊斯具有同样的野心，但是他所代表的爱尔兰与英裔爱尔兰人心中的爱尔兰是非常不同的，他在很大程度上实现了这个雄心，这是叶芝在某种程度上甚至都无法企及的。

第四章

一个年轻的知识分子

（1898—1903）

在现代性的爱尔兰形成的过程中，1898年至1903年明显是非常重要的阶段。此阶段与1898年的《地方政府法》和1903年的《温德姆土地法》两项立法密切相关，这是和平革命的标志。1895年，格莱斯顿政府的终结是对所有地方自治企望者的最后一击，但是保守联合主义者政府的出现，对于一些爱尔兰人来说绝非恐惧的灾难。因为保守党人提及"善意地结束地方自治"[1]的需要，以及新型调和的态度，催生了众人所知的"建设性的联合主义"，他们采取的很多政策更加具有改革性，这导致了一些进步的变革。

《地方政府法》就是这样的一个例子，它设立了天主教徒和新教徒都能参选的县区自治会。大量的天主教爱尔兰人，尤其是爱尔兰妇女能够被任命到当地政府里有权力和有责任的职位上。实际上，法案将处理地方事务的权力从联合主义者手里转到民族主义者手里，1898年之后，一系列行政部门的控制权从新教徒精英手里转到了大量天主教民主主义者手里。当地政府可能看起来像愚昧的小资产阶级，但

---

[1] 这一有名的句子是杰拉德·巴尔弗在1895年使用的。见安德鲁·盖里：《爱尔兰和仁慈的死亡：建设性的民族统一主义的经验：1890—1905》，科克，1987年，25—26页。

他们基本上是落后的。虽然叶芝蔑视在"油腻的钱柜里"[1]摸索的爱尔兰小资产阶级,但是乔伊斯却很乐见这种摸索,他几乎不反对"油腻"或"钱柜"。他具有他所说的"杂货商伙计的思想"。在《尤利西斯》中有很多从柏林中产阶级下层来的人物,他也将一名广告推销员变成一位伟大的现代英雄,他还过于认真地计算他的这位英雄在1904年6月16日的预算。《温德姆土地法》对于都柏林没有那么直接的重要性,但是对于爱尔兰的整体而言却非常重要,它允许并鼓励爱尔兰佃户在财政部贷款的帮助下,购买地主土地的全部产权,它最终解决了问题。这问题不仅是处于殖民地的爱尔兰在土地分配时显而易见的不公,也指向了由于不公而不断导致起义的暴力和紊乱。新的立法又一次标志着天主教权力决定性的增长,至少在爱尔兰的农村地区是这样。然而,这是建立在牺牲英裔爱尔兰人利益的基础之上。

在1898年至1903年之间,爱尔兰天主教阶级的政治地位发生了非常明显的变化,该阶级是乔伊斯所隶属和支持的阶级,即使在乔伊斯最激烈地批评它的时候,他也在某种意义上认同它。实际上,他为他们创作了一部现代天才的伟大作品,正如易卜生所给予挪威人的。当《青年艺术家的画像》中的斯蒂芬最终宣称,他决定"在我的灵魂熔

---

[1] 《1913年9月》,见《叶芝诗歌》,A.诺曼·杰佛斯编,带有沃里克·古尔德的附录,伦敦,1989年,210页。

炉里锻造我的种族永存的良心"(《青年艺术家的画像》,257页),他正在准确地做乔伊斯所理解的易卜生从事的工作。但是爱尔兰天主教徒发现他们被赋予了新的权力,那仅仅是由于英国人的屈尊,并且是在英国人持续占领的前提之下。"建设性的联合主义"是旧的东西,它所给予的利益便是后来乔伊斯所称的"富人桌子上的残渣剩菜"。(《尤利西斯》,第九章,1094—1095页)《温德姆土地法》和《地方政府法》不是产生于爱尔兰国会,国会早在1800年联合法生效前就已关闭,此后再没有出现类似的组织。爱尔兰人也从来没有从他们的君主那里单单通过政治意愿的力量来夺取权力,正如帕乃尔坚持他们应当做的那样。新世纪即将到来,但正在觉醒的爱尔兰依旧处于被占领的状态,因此对于乔伊斯来说,爱尔兰依旧处于黑暗中。他打算全力以赴地从许多不同的角度对此进行抗争。

在世纪转折点上,乔伊斯指出了两个延缓爱尔兰现代性形成的特别例子。当爱尔兰的天主教权力逐渐增加时,他们开始发出自己的声音。例如在1900年,D. P. 莫兰(Moran)创立了《领导者》(*The Leader*),他和他的期刊都从各个方面攻击民族主义和复兴主义。莫兰认为爱尔兰人已经如此沉沦于他们的奴役,没有或者很少有希望能拯救他们。他的见识是现代的、大众的、敏感的和严酷的,在他最好的散文里,具有充沛而杂乱的活力。莫兰对他眼中的爱尔兰的落后、谄媚以及与英国的勾结没有耐心。毫无疑问,乔伊斯在向莫兰学习,但他并没有认同莫兰的一些观点,如对爱尔兰人的爱尔兰从本土主义者角度的推动,将爱尔兰文学从英语文学中全盘剥离出来,以及有时对英裔爱尔兰复兴主义者怀有歇斯底里的恶意敌视。最重要的是,他反对莫兰强调爱尔兰的纯洁性时所持的种族主义,有时特别会让他联想到反犹太主义的论点。

阿瑟·格里菲斯也是这样一个例子。在1898年至1904年,格里菲斯是一名"将来式的人物",至少对《尤利西斯》中的主要人物利奥波德·布鲁姆(《尤利西斯》,第十八章,386页)来讲是这样。格里菲斯长期以来活跃于爱尔兰共和兄弟会,并且在布尔战争中为所有善良的爱尔兰民族主义者都认为是正义的一方战斗。1899年,他开始做《联合爱尔兰人》(*United Irishman*)的主编;1906年,他继续创立新芬党,并成为1922年爱尔兰自由国家的首任总统。在20世纪早期,乔伊斯认为《联合爱尔兰人》是爱尔兰唯一一份有一些价值的报纸,他赞成格里菲斯、新芬党和他们的政策,考虑到他和他父亲信奉的帕乃尔主义,以及他家人与芬尼亚会的联系,这是非常合乎逻辑的。他认为新芬党在经济上联合抵制英格兰的目标,是他所听到的"最高形式的战争状态",尤其因为它是一种非暴力抵抗的形式。(《詹姆斯·乔伊斯》修订版,237—238页)

但是考虑到波尔(Boer)对非洲黑人的态度,格里菲斯支持波尔主义就露出了马脚。他的政治态度是开明的,同时也是愚昧的,他的愚昧又一次表现在种族主义问题上。19世纪爱尔兰的民族主义领袖人物一再将大不列颠统治下的爱尔兰和其他种族的困境等同起来。从伍尔夫·托恩（Wolfe Tone）、奥康奈尔到迈克尔·戴维特，爱尔兰民族主义者一直有支持犹太人的传统，但是格里菲斯认为爱尔兰的犹太人是入侵者，因此把他们看成殖民者。他谴责他们折磨穷人并和英国人沆瀣一气。[1]一些20世纪早期的爱尔兰民族主义者拒绝任何种族或者文化上的纯洁号召，但是对格里菲斯而言，如果他的民族主义前进一步，他便后退一大步。后来，在《尤利西斯》中，乔伊斯谴责了他认为的民族主义中卑鄙的倾向。乔伊斯部分地将仇外或者他所称的"憎恨陌生人"，等同于英国人。（《批评和政治作品杂集》，16页）确实，就在那时，大不列颠正在激烈抨击"不受欢迎的外国人"，主要包括犹太人。[2]但是爱尔兰民族主义者对非爱尔兰种族的怀疑来自殖民者，无法证明他们一贯的坚持是正当的，而只是在他们的思维习惯里加深了种族主义的含义。

乔伊斯多方面的自我形象说明了他在性格和气质方面，具有很多非常明显的不同特点，但其中一个始终不变的性格就是对知识的重视。如果1898年对天主教的爱尔兰来说是非常重要的一年，这一年也是乔伊斯在都柏林大学开始学习的一年。爱尔兰天主教高等教育的条件在传统上是非常简陋的，在1854年，纽曼特别为爱尔兰天主教

---

[1] 见尼尔·R. 戴维森：《詹姆斯·乔伊斯，〈尤利西斯〉和犹太身份的建立》，剑桥，1996年，68—70页。
[2] 见詹森·托姆斯，《巴尔弗和外交政策：一个保守的政治家的国际想法》，剑桥，1997年，201页。

都柏林大学,都柏林的圣斯蒂芬·格林公园,1900年前后。

团体创立了一所天主教大学,但是它缺乏活力,因为英国法律不允许它授予学位。这所大学在19世纪80年代获得了发展动力,然而,在耶稣会会士接管后不久,它变成了皇家大学的一部分。到1898年,它成为了一个兴旺的机构,新的政治分配大大提高了它的重要性。乔伊斯所属于的这一代学生,可以期望爱尔兰的社会和文化领域,似乎比之前的任何一个时代都拥有更多的政治权力和更高的社会地位。毫不奇怪,当乔伊斯在那里求学时,它是一个充满自信而且生机勃勃的机构,并且它在政治方面也是活跃的,占统治地位的政治是民族主义。

在乔伊斯的写作中,"知识分子"是一个洪亮的词,这也许和帕乃尔有一定关系,格莱德斯通曾称他为"一个知识分子现象"。(《批评和政治作品杂集》,338页)但是大学时年轻的乔伊斯知道自己是奇怪的、新颖的、特别的人,是一个现代的、反叛的爱尔兰天主教徒知识分子。他当然是现代的和反叛的,他自豪地宣布他丢失了信仰。同时他也是轻率的、傲慢的和亵神的,因为他非常清晰地看到大部分流行的天主教信仰只是儿戏,"它是荒谬的,是巴奴姆的恶作剧。上帝知道他怎么来到这个世界,在水上行走,从坟墓里出来,走上霍斯山。这是什么糊涂话啊!"(《英雄斯蒂芬》,133页)当时,使乔伊斯兴奋的是斯蒂芬的语气,充满了从蒙昧主义中胜利解放自己的现代的锐利。在《英雄斯蒂芬》中,斯蒂芬将现代性解读为"活体解剖"精神,不需要灯笼来引导,而是"通过白天的光明审查其领域"。(同上书,186页)斯蒂芬的反叛表现在他对"天主教和民族主义者的精神权威"的拒绝上,也表现在对"当时的等级和政府权威"的否认上。(同上书,172—173页)既然他是现代的反叛者,他便致力于通过自己的智力发现自身真理,此真理没有受以前的教义、先例、传统或者已建立的知识群的影响。对于乔伊斯,他和斯蒂芬一样,这些就是现代知识分子应该做的。作为一个现代知识分子,他不仅仅将自己看成爱尔兰天主教文化的一个新事件,而且是一个设定的榜样。因为他正在力图实行自治,他倡导的独立是他所处的文化不敢提及的,正如斯蒂芬所宣称的,"我不伺候了"。(《尤利西斯》,第十五章,4228页)这可能是他最重要的话语。

在1898年至1903年天主教的爱尔兰,乔伊斯被激进变革的精神所吸引,但是他也一再怀疑此精神,他的激进方式超出了当代人的想象和理解,他用总体上超前数十年的自由形象来描述天主教的爱尔兰。

然而对乔伊斯来说，自由总是一个非常困难的概念，它总是不断变化。在《尤利西斯》中，斯蒂芬拍着他的额头宣称，"在这儿，我必须杀死牧师和国王"。(《尤利西斯》，第十五章，4436—4437页) 但这是年轻人的宣言。乔伊斯年龄越大，越认识到在这个问题上讽刺性的局限。他不仅仅意识到当权者一再宣称对这项企图放松的工作加强控制，他也明白这样做的必要。如果年轻的乔伊斯是一个现代知识分子，那他仍然是天主教的知识分子，虽然不是一个信仰者。他是一个天主教徒，这是由于他的教育背景和社会阶层，也由于他一直没有断绝的所隶属的文化。他只是不赞同这一文化，但他也自觉地认同他是天主教知识分子，这可从天主教神学传统那里得到典型的说明。例如，乔伊斯所发展的美学理论，它也是斯蒂芬聪明才干的重要标志，其主要来源是阿奎纳和亚里士多德。乔伊斯欣赏亚里士多德，在很大程度上是因为阿奎纳的亚里士多德主义。 现代的乔伊斯可能积极地反对天主教传统的压迫权力，但是乔伊斯的另一面也宣称他和天主教传统的结盟，他从没有离开天主教，也从没想过超越天主教。

第五章

作为批评家的艺术家

这个时期乔伊斯也以文学批评家的身份出现,有两个原因说明这个事实是很重要的。第一,从青年时期以来,乔伊斯一直创作诗歌、散文、诗剧和显形诗。但是在他真正决定开始文学事业之前,他已经是一个批评家了。作为一个现代的、持异见的爱尔兰天主教知识分子,他在发表非常重要的文学作品之前,就已经开始思索文学了。第二,在很大程度上,他的散文、评论和演讲形成了一个连续与发展的系列作品,围绕着一组特定而集中的话题。不管别人关心的是什么,例如艺术的权力,他的批评文章不断地指向有关爱尔兰的一切,例如它的历史和前途、它的政治和文化、相关的教会和殖民的权力。也许最重要的是,乔伊斯所知道的艺术在爱尔兰的位置,虽然有时是间接地——通过比喻、类比和寓言的形式,但他解释这些主题时非常熟练。即使乔伊斯在评价一本微不足道的书,或者评论他所看到的不重要的公共事务时,他也在反映当代的爱尔兰和他自己的观点。这样对阿尔弗雷德·安杰(Alfred Ainger)的书《克拉布》的评论,就变成了远离权力中心的、对大不列颠的污秽和"不可避免的道德滑坡"的沉思。(《批评和政治作品杂集》,90页)同样,雅克·勒博迪(Jacque Lebaudy)在撒哈拉的不幸遭遇激发了他对帝国主义的行为——特别是对所谓的"英帝国主义有效管理"(同上书,100

第五章　作为批评家的艺术家　051

米哈利·蒙卡奇的《瞧这个人》(Ecce Homo)，帆布油画，1895年至1896年。

页)——的讽刺性的解释。

乔伊斯最初的5篇重要的散文和评论是具有象征意义的。他最早尝试的批评文章是对1899年在都柏林展览的米哈利·蒙卡奇作品《瞧这个人》的评论。只有当我们理解这篇文章包含着一个多么深远的政治寓言时，我们才会充分理解它的意义。蒙卡奇是匈牙利人，爱尔兰民族主义者曾经将爱尔兰与1848年之后的匈牙利的政治情况作过对比。匈牙利和爱尔兰都地处欧洲的边缘，都朝着独立和政治现代性、反对占领和帝国主义权力而奋力前行。乔伊斯的文章是从一个醒悟的帕乃尔主义者的立场，持怀疑态度尖锐地改写了爱尔兰和匈牙利之间的类比。蒙卡奇作品里彼拉多面前的基督，是在英国公众言论制裁面前的帕乃尔的一个寓言，他有着帕乃尔的"忍耐力、激情……和无畏的意志"。但是这个拯救者被他的人民抛弃了，他们只是展示了"他们种族的抛弃的怒火和苦涩的愚昧"。毫不奇怪的是，帝国的代表、帝国主义的罗马军人，注意到了这幅带有"冷静蔑视"的凄凉景象。（《批评和政治作品杂集》，20页）

乔伊斯第一篇关于易卜生的论文是《戏剧和生活》，它提供了对艺术，特别是戏剧，与进入政治成熟期的种族自信之间的关系。早期新兴种族的剧院最典型的特征是关注神话，虽然因人和时代而有差异，但是这些神话为民族的自我表达提供了材料，正如它们曾经在古希腊和古代英国所起的作用。这个文化的构成在现代的挪威和德国是可以理解的（暗指爱尔兰）。"易卜生的新戏剧"是《什么时候死人复活》（When We Dead Awaken）。当乔伊斯关心突然具有现代意识的民族"灵魂的焦灼"时，他读了易卜生的这部戏剧。（同上书，31页）再次地，他笔下的易卜生是一个挪威版本的帕乃尔。易卜生组织开展了"运动计划"，（同上书，30页）如同帕乃尔，他激起了抗议的风暴。他冷静地在远处操控了一场混乱，因为他固执地下决心继续支持他心中与众不同的现代挪威形象。在易卜生眼里，一个崭新的现代国家对潜在的落后势力的胜利，戏剧化地在他的人物角色中呈现。

但是，令人痛心的是，到目前为止，爱尔兰民族没有产生自己的易卜生。这在《暴动日》中可以明显地看到。在爱尔兰，爱尔兰文学亨利克·易卜生：乔伊斯写下了他"对这个特别的男人，逐渐地产生不可抗拒的钦慕"。(《易卜生的新戏剧》,《批评和政治作品杂集》，13页）

剧院没能驱逐"古老的邪恶"。(《批评和政治作品杂集》，50页）乔伊斯宁愿让步于"欧洲最落后的种族暴动"，他的意思是，这个民族是最不愿意面对现代性变化的，这可能是历史原因导致的。与易卜生相比，爱尔兰艺术家存在的问题是一贯的奴性。在他们自己被征服的过程中，他们不能打破甚至愿意参与密谋。他们"继承了怀疑的意愿和以德报怨的精神"。(同上书，52页）这也是曼根的窘境，在《詹姆斯·克拉伦斯·曼根》一文中，乔伊斯温和地提到曼根的"灵魂的荒芜"。(同上书，58页）但是对于殖民主义不公平的蔑视，曼根不能超越"高贵的痛苦"。乔伊斯写道,"他的传统在他身上是如此强大,他完全痛苦和失败地接受了它,并不知道如何改变它"。(《批评和政治作品杂集》,58—59页)不同于易卜生,曼根屈服让步了,他屈服于密切地保留了种族历史的传统。这样做意味着默认了他的失败,他继续与征服者串通一气,最终让他的人民失望。乔伊斯将坚决避免掉入这一陷阱。

  作为批评家,乔伊斯的发展有两点特别重要。第一个是在1902年,当时《都柏林每日快递》编辑E.V.朗沃斯(Longworth)开始给他寄书,让他评论。《每日快递》最近有一个有趣的经历,传统上,它是一份乏味而保守的出版物,于1898年被贺瑞斯·普伦基特(Horace Plunkett)和编辑T.P.吉尔(Gill)接管,他们迅速把杂志转向自由和民族主义者的方向。最重要的是,吉尔开设了文学增刊,这为叶芝和其他宗教复兴主义运动者提供了舞台。之后在1899年,按照叶芝的叙述,文章落入"托里党极端分子"[1]的手里,它的主人把它卖给了以吉尼斯富豪阿迪伦斯勋爵为首的一个财团,其中也包括原来是激情的联邦主义者后来成为阿尔斯特领导者的爱德华·卡森。1903年以前,它一般被认为是"联邦主义的喉舌"。[2]这样一来,在乔伊斯的小说《死者》(*The Dead*)中,就有了民族主义者艾弗嘲笑加百利·康罗

---

[1] W. B. 叶芝,《书信集》,三卷(1901—1904),约翰·凯利和罗纳德·舒查德编,牛津,1994年,183页。
[2] 彼得·科斯特罗:《詹姆斯·乔伊斯:在1882—1915年的成长》,伦敦,1992年,214页。

伊为《每日快报》写评论。当然，像詹姆斯·乔伊斯这样年轻的芬尼亚主义者必须谨慎。[1] 在一段时间里，他做得非常熟练，相当沉着。例如，他第一次为朗沃斯写的评论，痛斥民族主义诗人威廉·鲁尼（William Rooney）"困乏和愚蠢的精神"。（《批评和政治作品杂集》，62页）表面上看起来合作非常有希望，然而从深层次看，乔伊斯很难和联合主义者站在同一条线上。他建议说，如果鲁尼的诗不好，那是因为作为一个民族主义诗人，他雄心不够，仍然有太多的殖民主义的主题。鲁尼恰恰缺少易卜生（乔伊斯）独立的意愿。在这部书里没有一点"整体的特性，先独立后完整的特性"。（同上书，62页）

为像《每日快递》这样的保守刊物投稿，需要机敏和圆滑。乔伊斯采取了一个歪曲的、谨慎的、超然的，并且有时非常傲慢的批评态度，很少公开打破精致讽刺的掩盖。然而，这种态度隐藏着知识分子秘密的美学与政治合一的特点。鲁尼评论的双面策略变成一个典型，但这不仅仅是乔伊斯明显的政治机灵的结果，反讽是真实的政治矛盾产生的一个合乎逻辑的产品。《每日快递》的评论不露声色但却不断揭露的社会阶级及其价值观，正是报纸所最忠诚的。例如，对于詹姆斯·安斯蒂（James Anstie）的受庇护的有教养的"普通人"应该有怎样的概念（同上书，69页），《精确思考的努力》一文就是对其直接的

---

[1] 这一引用来自《尤利西斯》第二章，戴汐指斯蒂芬·迪达勒斯，是一个芬尼亚人。见《尤利西斯》第二章，272页。

蔑视。这绝不奇怪,安斯蒂是维多利亚女王的常任牧师。对于忠诚的加拿大诗人克莱夫·菲利普·沃利(Clive Phillips-Wolley)那令人讨厌的奴性的自我屈尊,《殖民地诗歌》同样对其蔑视。更有意思和意义的是,对于激进的自由主义者,同时也是多愁善感的凯尔特文化学家和民族主义者的梅瑞迪斯,《乔治·梅瑞迪斯》将其读解为哲学散文家,而非小说家,这部分也是对梅瑞迪斯小说世界虚构的反讽嘲笑,因为它缺少历史的厚度。但是乔伊斯也将梅瑞迪斯称为学者,而并非一个"史诗的艺术家",(《批评和政治作品杂集》,64页)前者正是乔伊斯努力不想成为的,后者是他最终想成为的。

  但是年轻的乔伊斯攻击的目标,大部分是英裔爱尔兰复兴主义者,例如《爱尔兰的昨天和明天》一文机智地指责了大部分民族复兴主义诗歌的幼稚。至于涉及殖民主义,《新小说》一文主要针对殖民主义的印度而非爱尔兰,但是这并没有阻止乔伊斯对现代爱尔兰殖民后裔的术士兴趣进行批判。乔伊斯参加到这场阻击战中,因为他清楚地意识到,民族复兴主义运动者的大部分作品与他们的社会地位是成反比的。对于二流的英裔爱尔兰复兴主义者、学者和作家,如阿诺德·格雷夫斯(Arnold Graves)、罗伯特·蒂勒尔(Robert Tyrrell)、艾伯特·坎宁(Albert Canning,第一代勋爵加瓦[Garvagh]的第二个儿子),乔伊斯嘲笑他们的无能和十足的智力退化。1899年之后,这些人成为最适合《每日快递》的文学上的杰出人物。毫无疑问,乔伊斯知道这个事实并以此来对待他们。但是如果他高兴"抨击耶稣",

他将非常愿意以同样的方式对待更杰出的人物。(《尤利西斯》,第九章,1160页)最有趣的是,朗沃斯实际上通过格雷戈里小姐的推荐已经和乔伊斯拉近了关系。在《爱尔兰的灵魂》这篇对她的作品《诗人和理想家》(Poets and Dreamers)的评论中,乔伊斯全面地攻击了这个供养了他的贵族妇女。但是叶芝,正如他所明确指出的,《爱尔兰的今天和明天》是一个非常好的例外。[1] 我们会在后面看到,他将学习如何与众不同地对待叶芝。

如果英裔爱尔兰复兴主义者在年轻的乔伊斯那里受到冷遇,那么一般的爱尔兰天主教徒,特别是民族主义者可能看起来也没受到乔伊斯更好的待遇,但是这个论点不应当引起迷惑,好像乔伊斯对两者都毫不偏袒地大加鞭挞。在任何情况下,他都没有发表如同告诫民族主义传统的批评文章,这一告诫的来源有两条线索,一条源自鲁尼,另一条从曼根的文章中而来。乔伊斯说,不同于帕乃尔,今天的民族主义者眼光短小,像斯蒂芬·葛文(Stephen Gwynn)一样的民族主义者,总的来说太温和了,他可能会形成一个对"英国文明不痛不痒的批评"。但是"如果爱尔兰有了加拿大的身份,葛文先生立刻变成了一个帝国主义者"。(《批评和政治作品杂集》,55页)这样看来,葛文和《每日快报》是一致的,它所有的保守性实际上让它宣称寻求"爱

---

[1] 见《批评和政治作品杂集》,65页。

尔兰民族的权利和冲动，与帝国主义控制的要求和责任"的和解。[1]在拐弯抹角的讽刺指向葛文的时候，乔伊斯也针对他所写作的报纸。另一方面，民族主义者的传统也表明了另一种方式的谄媚。看起来不可能消除愤怒的习惯，"眼泪和悲伤，夸张但却空乏的威胁"。（《批评和政治作品杂集》，67页）这意味着他继续和历史上的胜利者保持密切的关系，爱尔兰明显不能阻止称颂它的征服者，从这方面看，甚至不像缅甸等殖民地的人，他们保持着"安静和爱好秩序"的民族性格，并拒绝"变成优秀的试验场地"，这可能给爱尔兰的政治文化提供一个教训。（同上书，67页）奥林匹克的漠然优于无法停止的悲伤和悔恨，确实是，窥视历史的冷静要优于天主教的阴谋（对爱尔兰民族主义者来说，是可参照的许多经典历史点中的一个），这个阴谋几乎等同于查理二世以"卑鄙的轻浮"的方式结束的故事。（同上书，84页）

朗沃斯在多大程度上理解作为评论家的乔伊斯的工作，这是可以公开讨论的。至少，在一段时间里，鲁尼的评论可能已经消除了怀疑，但是这个狡猾的得分技巧最终击中了要害。朗沃斯没有咨询乔伊斯，在末尾，他擅自增加了赞美葛文作品包装印刷的内容，而乔伊斯对此赞美明显没有兴趣。乔伊斯没有忘记，或者没有原谅与此事有关的朗沃斯，10个月后他开始了复仇。他以同样的方式回应，谴责伦敦

---

[1] 见巴里，"序言"，《批评和政治作品杂集》，9—32页，正文15页。

出版的书，正如朗沃斯所称赞的都柏林出版的书一样，装订都是不符规则的。朗沃斯很快解雇了乔伊斯，并威胁如果他再到《每日快报》的办公室，就把他扔到楼下。但是得罪朗沃斯或者谴责一本英国图书的丑陋，很难形成对英国政权及其文化的有力挑战。乔伊斯的评论并没有让教会幸免于难，例如，在《亚里士多德论教育》一文中，他隐约地暗示了明确将教会和政权分开的共和主义者的重要性。在《法国宗教小说》中，他赞美了与最终被"詹森主义者可怕的形象"毁灭的天主教东正主义进行的现代斗争。（《批评和政治作品杂集》，86页）但是，《人文主义》这篇文章是例外，它可能看起来没有直接探讨英国的实用主义和常识智力上的局限，所以对另外一个"帝国主义主人"本身有相对很少的批评。然而，这只持续了和的里亚斯特（Trieste）一样长的时间。在这里，我们将会看到，作为一个讲师和记者，乔伊斯将用复仇的方法来弥补这个缺陷。

第六章

1904年6月16日

对于乔伊斯，特别是作为知识分子的乔伊斯，我已经做过很多评论，有很好的历史、政治和文学方面的原因使他成为一个知识分子。但是我们不应被此迷惑，像其他现代主义作家一样，乔伊斯的作品对于学术界而言是一个天赐，它足够博学也足够模糊，证明了无尽的研究课题和试图给出解释与注解的合理性。乔伊斯知道自己正在做什么，他非常清楚地意识到正是现代学者能够使他的作品得以幸存。但是倾向于成为一个学者也有负面的效果，现代学者把乔伊斯变成了他们自己的形象，学者所描绘的乔伊斯经常是一个致力于研究的作家，他理想的家是一所浩如烟海的图书馆。另外，乔伊斯已经准备投身于晦涩的理论工作，以证明20世纪中后期的一些知识范例。无论怎样，我们看到了一个超然的、抽象的和显然毫无激情的人，一个依靠和为了思想而生活的人。

实际上，乔伊斯过着和大多数现代学者非常不一样的生活，那种生活将彻底使其职业毫无规律可言。乔伊斯在很多方面过着随意、狂暴、冲动的生活，他的生活来源非常不稳定，经常因完全混乱的生活而受到威胁，这从他最常见的性格里可以清晰地看到：喧闹、冲突、恐惧和忧郁、性爱上的轻浮、暴力上的偏执、金钱上的不负责、与房东的吵架和借债。乔伊斯（有时候是整夜的）酒瘾发作，这是19世纪20—30年代从都柏林、的里雅斯特到巴黎的生活中经常出现的特征。

罗伯特·麦卡蒙（Robert McAlmon）记得有一次他和乔伊斯两个人在巴黎一家酒吧里喝了整个晚上，之后在黎明寒冷的灯光下走着，看了一下地面上有很多杂乱的、从他们的嘴里掉下来的没有点燃的烟。除了在19世纪20年代中后期在罗比艾克广场有几个稳定的生活时间段以外，乔伊斯的家庭生活总是处于动荡之中。在30年代，这种情况变得越来越严重，他们一家不幸地在欧洲匆忙奔走，极为痛苦地为患上精神分裂症的女儿露西亚治病。

学者们并非总是忽略乔伊斯更加放纵的一面，但是他们倾向于把这看做是他工作的需要。如果他的工作要付出巨大的代价，那么他的生活方式也同样如此，不仅仅对于他的健康而言。乔伊斯说明了他让自己的精神处于危机中的原因，他说，他有同等和相反的放纵与恢复的能力。但是，我们所知的生活告诉了我们一些更有意义的事情，因为对乔伊斯的报道不断地使我们相信，在清晨回家时，看上去像步履蹒跚的碎布玩偶证明了相反的情况，不仅是对他的韧性，也是对他目标的意义的十足热情。缺少纯洁和炽热的任何东西都不能阻止他继续前行，任何东西也都不能阻止他继续创作小说，特别是《尤利西斯》和《芬尼根的守灵夜》。他的感情生活有两个方面，但也有一个逻辑，他所生活的强度是他所认为和写作有关的爱尔兰的强度。集中于这个强度上，特别是在他所有的形式上，有一个特别的人物，那就是娜拉。乔伊斯说除了他的家庭外，他不爱任何人，而在他的家庭中，他最爱的就是娜拉。

乔伊斯把小说设置在1904年都柏林的一天，他这样做，当然几乎是为了纪念他第一次和娜拉·巴纳克尔（Nora Barnacle）外出散步。关于布莱克，乔伊斯这样写道："像很多天才的男人一样，他没有被有教养和精致的女人所吸引。"（《批评和政治作品杂集》，177页）对于自己他也会这样评论的。偶尔也有例外，他喜欢受过教育并且有知识的女人陪伴，但他感情的需要和肉欲的兴趣却主要使他对别的女人感兴趣。通过不同的方式，《英雄斯蒂芬》和《青年艺术家的画像》绘制了对从容的、受人尊敬的、优雅年轻的都柏林妇女疏远的过程图画。当然，斯蒂芬对于爱玛的可爱不是无动于衷的，在这里，他映射了乔伊斯自己对青年时期的爱人玛丽的反应（虽然爱玛不是她小说中的形象）。玛丽是前途光明的下议院议员大卫·希伊（David Sheehy）的女儿，他后来处于一个转变过程中，将自己从麻烦的爱尔兰兄弟会成员，转向了他的孙子康纳·克鲁斯·奥布莱恩（Conor Cruise O'Brien）后来称呼的"受尊敬的维多利亚天主教"[1]家长。毫不奇怪的是，也许爱玛是最终令人绝望的一个原因。乔伊斯和斯蒂芬遗憾地离开了具有中产阶级的审慎和以自我为中心的冷淡的玛丽，尽管她年轻并充满活力，但是她太"明智了"。（《英雄斯蒂芬》，197页）在《都柏林人》中的《优雅》结尾处，教父巴尔登宣称他是"商人"的"精神的会计师"。（《都柏林人》，174页）乔伊斯只想表示他的作品

---

[1] 康纳·克鲁斯·奥布莱恩：《爱尔兰》，圣·奥尔本，1974年，35页。

是多么倾向于将爱玛的算计和当代的爱尔兰天主教教会联系起来。乔伊斯也将英国小资产阶级的文化和经济的崇拜结合起来。这样就非常清楚了，在《尤利西斯》中，北爱尔兰人迪斯曾断言，最根本的英国原则的价值是：什么是英国人"最自豪的夸耀呢？那就是我经济独立了！"（《尤利西斯》，第二章，251页）

相比这些力量，娜拉带着乔伊斯认识爱尔兰，或者至少超出乔伊斯范围之外的爱尔兰。乔伊斯曾经说，"超出都柏林30英里，我就会迷路"。[1] 这就是娜拉重要的原因。娜拉来自爱尔兰西部的戈尔韦，当然，西部是远离都柏林的另外一个世界，一个仍旧说着盖尔语、有着地主和农民的落后世界。过去和现在，这里仍在深受残酷的饥荒和移民外出之苦，但是，这里现在也吸引文学家浪漫的注意力，特别是叶芝、辛格和格雷戈里小姐。虽然戈尔韦是一个贫穷的地方，但并非是爱尔兰乡村，它也是一个充满了历史和野心的城市。娜拉是其矛盾的象征——同时是西方的和城市的——这对乔伊斯意义重大。

娜拉的父亲是一个面包师，母亲是女裁缝。当她12岁时，她的叔叔因为她和一个新教徒的男孩交往而殴打她，她离开学校到了都柏林，在芬恩酒店（如今闻名遐迩）做女服务员。娜拉既不受人尊敬，也不从容自若，而且不属于中产阶级。用为她写传记的传记家的话

---

[1] 布伦达·马多克斯：《娜拉：娜拉·乔伊斯传记》，伦敦，1988年，314页。

戈尔韦的主要街道,约1901年。

说,她是一个"没有天主教意识的天主教女孩"。[1] 像一些出现在乔伊斯小说里的女人一样,她是纯洁和无耻的结合,乔伊斯非常喜欢这种结合体,后来乔伊斯称赞其为"一个简单的令人尊敬的灵魂"。[2] 但是简单并非天真,在现代主义者的记叙中令人感到讽刺的是,她可能将她的手在第一次约会时就伸进了乔伊斯的裤子并为他手淫。然而,对乔伊斯来说,娜拉的无耻和他所称赞她的高贵并非互不相容,实际上,这两者是密切相关的。无论如何,娜拉热烈地爱上了乔伊斯,后

---

[1] 布伦达·马多克斯:《娜拉:娜拉·乔伊斯传记》,52页。
[2] 同上。

来不久，乔伊斯也同样爱上了娜拉。

　　生活在混乱的边缘意味着听任命运的摆布，但是乔伊斯却在意外中兴旺发达。当这些意外看起来充满了意义或者适合一个模式时，乔伊斯就特别高兴，他像一个利用现成材料创作的人那样，创作了《尤利西斯》和《芬尼根守夜人》。在一个巨大的拟序结构内，将许多偶然的微小发现放在有用的地方。天才的错误是"理性的"，也是"发现的门户"，斯蒂芬在《尤利西斯》中说道（《尤利西斯》，第九章，229页）。对于乔伊斯来说，偶然也导致了发现。可能他生活中的一些最重要的事情，看起来是平常的、人为的和随意发生的，然而，很难不把它们也看成充满了象征的意义，虽然艺术家的意志在开始时就主导着它们。他和娜拉的相遇就是一个明显的例子。在1902年，乔伊斯的命运正处于低潮，他已经离开都柏林来到了巴黎，认为在那儿他能有更多的自由来学习和写作。1903年8月他的母亲去世，但是4月他就因为母亲病危的消息被召唤回家。当他的母亲去世后，他父亲的斗志消沉得更快了，家族处于危机之中，看起来前途暗淡无光。

　　乔伊斯也越来越倾向于思考爱尔兰以前的所作所为，他与爱尔兰政治、复兴主义者和爱尔兰文学圈子逐渐疏远。复兴主义者的领导者对他顶多摆出屈尊俯就的样子（虽然有时他们也借给他钱）。乔治·卢梭将他排除在一本收录年轻的新爱尔兰诗人选集之外，同时，爱尔兰议会从未改变其腐败的政治。当然，建设性的联合主义产生了一些结果，但是建设性的民族主义给爱尔兰带来了好处却没来带来解放。新芬党离建立还有好几年，毫不奇怪的是，可能考虑到自己和家庭的经济环境，乔伊斯被吸引到社会主义者的政治领域了，这一政治当时在不列颠和爱尔兰发展迅速。前几年英国工党活动实际上对乔伊斯来说非常重要，并产生了影响，比对马克思影响甚至更大。乔伊斯也有一些朴素的激进主义思想，虽然他的确意识到它对爱尔兰令人沮丧的、高人一等的态度。乔伊斯也曾短暂地对詹姆斯·康诺利的爱尔兰共和主义政党感兴趣，[1]但是他必须遗憾地承认社会主义不能控制爱尔兰。在阿尔斯特之外，爱尔兰很少采用工业工人阶级的方式，确实，像爱尔兰现代主义的其他方面，像这个种族的良心，像爱尔兰无产阶级，都尚需创造。

在《尤利西斯》的前三章，乔伊斯非常准确地回忆了自己在1904年真实的生活尴尬和象征性困境。他将斯蒂芬放到了一个环绕爱尔兰海岸的圆形碉堡里，这是威廉·皮特于1804年为防御法国侵略而建造的。对许多爱尔兰人来说，这是殖民占领的象征。斯蒂芬有两个伙伴，这两人都认为他就是后来他所称呼的莎士比亚，一个"不懈的知识分子"和"语言的贵族"。（《尤利西斯》，第九章，454页，1023页）虽然斯蒂芬接受过良好的教育，但是他没有他们在社会和经济地位上的优势。他俩中的一人是布克·穆里根（Buck Mulligan），一个风趣、文雅、快乐的，但最终却是信誉卓著、有良好教养、富裕的天

---

[1] 见科斯特罗：《詹姆斯·乔伊斯》，214—215页。

主教中产阶级家庭的无耻且平凡的后裔。穆里根机灵地意识到，他和他的主人将会取得权力，于是不断地屈尊于斯蒂芬。另一人是海恩斯（Haines），他是穆里根所阿谀奉承的、出生于殖民家族的英国人。斯蒂芬将海恩斯看做"海洋统治者"的代表。(《尤利西斯》，第九章，454页，1023页）但是，他也是走自己道路的一个"建设性的联合主义者"。他说："我们感觉到在爱尔兰我们对你很不公平，看起来这应该受到历史的责备。"(《尤利西斯》，第一章，648页，649页）

公平对于板球运动来说是重要的，但是涉及大不列颠在爱尔兰的存在，这是一个没有意义的概念，因为它总是依靠历史的暴力和不公建立和维持的。斯蒂芬执拗地沉思历史的灾祸、不公和强取豪夺，这在第二章更加明显。在那儿他遇到了迪齐先生，他是一家信奉新教的学校的校长，斯蒂芬在这工作。这里为富裕儿童提供教育，和穆里根一样，对比是令人心痛的讽刺。戴齐是一个阿尔斯特新教徒，从政治角度说，这是一个在历史和政治上应当行将结束的阶级（阿尔斯特的结肠[1]）。但实际上，戴齐被他的现状和他的阶级可能呈现的前景所激励。阿尔斯特民族联合主义发展得非常快，最终他将要求拒绝地方自治法案（1912年）并最终走向分裂。相比之下，斯蒂芬对他自己所属的和某种意义上他所代表的阶层感到失望，因为他忧郁地意识到，在这个特殊的时候看起来无处可去，他正感到烦扰。在第三章，斯蒂

---

[1]　用作比喻。——译注

贝尔法斯特的维多利亚王后在1912年主持了反对地方自治方案的集会。

芬因此基本退回到对历史和文化问题的理论方法上去了。这个策略的问题使他与生活脱节了，这是斯蒂芬自己很难意识到的。

所有这些深深基于道尔基的克里夫顿学校的事实。小说中的布克·穆里根等同于乔伊斯狡猾的朋友奥利弗·圣·约翰·戈加迪（Oliver St John Gogarty）和德莫特·切尼魏克斯·特伦奇（Dermot Chenevix Trench），他俩和乔伊斯最终分道扬镳。乔伊斯和他们在山迪卡沃的圆形碉堡里同住了5天，实际上，这最重要的差异是事情发生在9月。乔伊斯确实改变了这一年的日期，因为在1904年6月16日的小说版本中，斯蒂芬的世界完全被男人所占领。当时乔伊斯没有娜拉，缺少了娜拉，他就没有了双层的优惠，因为娜拉带给乔伊斯两样东西，她给了他爱，就如同斯蒂芬的世界，没有了爱，乔伊斯的世界可能就如同孤独的沙漠。关于爱，绝非是无足轻重的，它激起了他大胆的性爱，后来她也自愿参加，例如，积极地参加到他色情的性爱想象里，这在1909年他们交换的信件中被明确地记载着。

当然，乔伊斯对他的妻子并非绝对忠诚。例如，他在的里雅斯特妓院的生活极大地考验了她的耐心和忠诚，他迷恋学生特别是安娜·舒蕾墨（Anna Schleimer）和阿玛莉娅·波珀（Amalia Popper）。但是在感情上，他特别依赖娜拉，当她去巴黎医院的时候，他搬到了她的住处。萨缪尔·贝克特（Samuel Beckett）必须把他的邮件送到那里，像朋友后来不断证实的那样，尽管思想和背景方面有明显的差异，但他们的爱是异乎寻常的亲密，他们看起来心有灵犀。乔伊斯后来在法国结交的一些新朋友非常轻视或者屈尊于娜拉，他们具有无价值的（和乔伊斯迥异的）优越感。乔伊斯的爱尔兰朋友，像阿瑟·帕维尔（Authur Power）、汤姆·麦格里维（Tom McGreevy）和伊丽莎白·科伦（Elizabeth Curran）却认为，这对夫妻能完美地理解对方，他们确实是这个意思。娜拉和乔伊斯是否一样都是通过书本来学知识，这一点都不重要。

但是如果亲密无间的关系是感情的和性爱的，那么它也是文化的。学者们对乔伊斯选择娜拉表示惊奇，或许是在知识和美学之外的基础上判断的，但只要我们对于乔伊斯坚持这样简单的理解，就不会改变我们自己的判断。娜拉带给乔伊斯大量的、他一无所知的爱尔兰西部的知识，这是她给予他的第二样东西。在她的声音韵律和语言里，乔伊斯能够发现这点，这两样都是他热爱的。在某种意义上，她完成了或者说极大提高了乔伊斯私人的百科全书。乔伊斯不断地向她盘问个人的、社会的或者历史的细节，她变成了他"便携式的爱尔兰"。[1] 正如乔伊斯一样，对于音乐娜拉也有惊人的记忆力，别人经常听到他们两人在随意地一起哼唱爱尔兰小曲，她为他选择的爱尔兰花环也是竖琴形状的。

在《芬尼根的守灵夜》中，乔伊斯谈到了古代的"蛇形丘"——从都柏林到盖尔维的第一条爱尔兰高速公路。拿出一张爱尔兰地图，在两个城市之间画一条线，就好像在这个国家中放置了一条腰带——实际上，这就是乔伊斯在和娜拉交往时所做的。他紧紧地抓住了爱尔兰，他用同样的方式整合了大部分的作品，就这样，他宣布对她的感激。《尤利西斯》明显是从虚构的自我形象出发，而以娜拉的部分形象结束。如果我们认为格莱特·康罗伊（Gretta Conroy）是《死者》结尾的中心人物，那么在《都柏林人》中也是，所以从某种方式来看，在《芬尼根的守灵夜》中也是。对于这样真实和象征性的价值的

---

[1] 马多克斯，《娜拉》，109页。

热爱，不需要两大主人的认可，至少从席勒的《唐·卡洛斯》(*Don Carlos*) 开始，典型的叛逆情人一直通过嘲笑婚姻的宣誓，来表明对教会和国家的漠视。乔伊斯将娜拉和自己化为作品中的角色，这绝非总是对她友好的。虽然他一直主张不结婚，但最终还是在1931年7月，出于对他的继承人的考虑，他和娜拉结婚了。值得注意的是，他知道这样做具有象征意义的价值，于是就在伦敦这样做了。

第七章

流亡欧洲大陆

"在这里,你会更多地了解爱尔兰吗?"斯蒂芬·迪达勒斯自言自语。(《尤利西斯》,第二章,404页)这是在找到娜拉之后,乔伊斯提出比斯蒂芬更尖锐的问题。他告诉她,"为了她,他正在与爱尔兰的一切宗教和社会力量进行战斗"。(《詹姆斯·乔伊斯》修订版,176页)鉴于两者实力悬殊,无论如何,这场战斗符合逻辑的结果是乔伊斯的溃败。乔伊斯在9月敦促娜拉和他一起离开爱尔兰。10月8日晚上,他们从都柏林乘船前往伦敦,但是并不确定哪儿是最终的目的地。第二天,他们离开伦敦前往巴黎,第三天又离开巴黎前往苏黎世,10月20日到达的里雅斯特。乔伊斯原本希望在的里雅斯特的贝立兹学校教授英语,但事实上,他不得不在普拉的伯利兹分校开始工作,这里位于距离的里雅斯特以南150英里处。4个月后,他和娜拉回到的里雅斯特,在那儿住了很长时间。

出于偶然的原因,乔伊斯和娜拉恰好去了曾去过的地方。但是,环境驱使他们深入到欧洲,深入到后来被证实是飞速发展的中欧。1904年,37413人怀着对于未来的美好希望离开了爱尔兰。这些人大多数是经济移民。但是乔伊斯并不这样看待自己,他告诉他的弟弟,他的"情况"属于"自愿流亡"。(同上书,194页)这种解释适合于艺术家和知识分子。他所说的当然有文学上自我标榜的因素。但丁当然也是知识分子中的一个，他的作品被乔伊斯所钟爱，并被熟练地用意大利语大量地引用。毕竟，乔伊斯发现自己与6个世纪前的但丁在同一个地方流亡。他想起他所引用的《神曲》中的一些城市，例如，《地狱》第九章里的地方很像普拉这个城市。乔伊斯也知道在他之前流亡的很多伟大作家，如奥维德、雪莱、拜伦、王尔德，这些都是他的最爱。他们不仅仅在地中海流亡，其中一些作家如乔伊斯，他们还宣布"自愿流亡"，而非被迫流亡。然而，乔伊斯所选择的欧洲流亡的具体形式在其他两个方面是独特的，为了充分理解它，我们必须再次重温爱尔兰的历史，这次要比以前回溯得更加久远。

首先，乔伊斯通过自己的方式促使自己深入欧洲，认同了爱尔兰"圣人和学者"的传统，它们在欧洲黑暗时代是一个文明的存在。从罗马帝国的结束，到查理曼大帝的崛起，甚至远远超出这段时间，早期爱尔兰教会的权力给一个暗淡、野蛮和被战争蹂躏的大陆（包括英格兰）注入了活力。6世纪到7世纪出现了爱尔兰的"流浪圣人"，[1]如圣·柯伦西尔、圣·傅西、圣·格曼努斯、圣·菲亚克、圣·弗利吉黛安、圣·基里安、圣·高乐，其中最有名的是被乔伊斯称为"火热的克伦巴努"的男人（《尤利西斯》第二章，144页），这些只是这一时期爱尔兰传教士中的几个。按照学者路易斯·古果（Louis Gougaud）的话来说，他们成了那个时候欧洲"知识分子生活兴奋剂"中最重要

---

[1] 在那个时期的文学中，到处被称为盖尔人。

的人。[1]他们传播知识，建立教堂和修道院，成立宗教团体，他们因热情而闻名。当乔伊斯在《尤利西斯》中说克伦巴努具有"神圣的激情"时，不论是有意还是无意，他都是在呼应可敬的比德。（《尤利西斯》第二章，144页）比德和他同时代的人特别关注爱尔兰圣人的激情。

热情已经变得非常不合时宜，甚至连这个词也有一种古老和陈腐的味道。但是，爱尔兰传教士似乎被他们对工作的无限热情所召唤。克伦巴努因为具有乔伊斯的美德而著名，如广博的知识、不懈的工作、熟练的语言和火热的爱心。克伦巴努具有非凡的"道德勇气"，乔伊斯的弟弟斯坦尼斯劳斯在乔伊斯本人身上也看到了这种勇气。[2]这促使乔伊斯30年来一直劲头十足地坚持工作。而最重要的是，与克伦巴努同时代的人认为他具有两个素质：一个是热情（记住，这个词最初是指"神灵附体"），另一个是苏格兰人十足的热情性格，指凯尔特人闪电般耀眼的才华。在《尤利西斯》中，巴克·穆里根告诉斯蒂芬说："因为你身上有可诅咒的耶稣会教士的气质，只不过是以不同的方式投射到你的身上。"（《尤利西斯》第一章，109页）我们从中可能看到乔伊斯和克伦巴努有着同样的热情。

在圣人之后随之而来的是学者，学者中最著名的是伟大的神学

---

[1] 路易斯·古果：《凯尔特人的基督教》，引自J.M.弗拉德：《爱尔兰：它的圣人和学者》，都柏林，1917年，57页。

[2] 斯坦尼斯劳斯·乔伊斯：《那时的里亚斯特的书籍》，引自约翰·麦考特：《昌盛之年：詹姆斯·乔伊斯在的里亚斯特，1904—1920》，都柏林，2001年，125页。

家和哲学家约翰·司各特·爱留根纳（John Scotus Erigena）。爱留根纳在中世纪早期也许拥有最美好和最新颖的思想，除此之外，他也因为渊博的希腊知识而受人瞩目，这在当时以拉丁文化为中心的社会是非比寻常的。他成了秃头查理王政权中宫廷学院的院长，同时他也有着冒险、大胆和奇特的思想，这些想法让保守的法国知识分子感到震惊；其中一些人指责他的作品是魔鬼的发明，另外一些人认为他将既定的思维形式转为爱尔兰米粥。乔伊斯偶尔会分不清"伟大的异教首领"和与之迥然不同的邓斯·司各特（Duns Scotus）的生活（《批评和政治作品杂集》，113页），但是他也称爱留根纳的作品充满改革精神，具有"使正统神学死而复活的生命气息。"（同上书，114页）乔伊斯深知爱留根纳和自己的相似性，他敏锐地认同了"爱尔兰民族"创造自己文明的愿望，甚至将自己作为最重要的代表。这不是"一个年轻民族"的愿望，而是一个"古老的民族"在"现代社会"续写过去的辉煌理想。"使徒学派"是杰出人物中的代表，爱留根纳一直是"欧洲知识分子力量"的先锋。（同上书，111—114页）

到了19世纪，一些学者和圣人已呈现出一定的象征意义。例如，克伦西尔，曾因为一件古代弦乐器的复制品而争吵，后来转变成战争，导致他公然离开爱尔兰。这也给了后人一个理由，认为他"即便不是第一个，也是爱尔兰流亡者的原型"。[1] 圣人们所选择的有时

---

[1] 帕特里克·华德：《流亡、移民和爱尔兰的写作》，都柏林，2002年，28页。

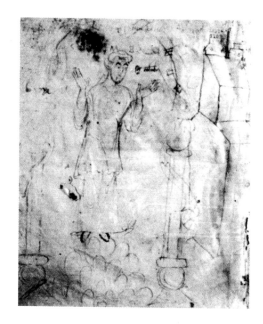

即便不是第一个,也是爱尔兰流亡者原型的圣·克伦西尔,出自9世纪亚当南(Adamnàn)的手稿《圣·克伦西尔的生活》(*Life of Columba*)。

隔绝有时疏远的情况,经常和对祖国的强烈热爱相互矛盾地交织在一起。流亡是一种表达,而非不合、失望或者不忠,也是对家乡和人民的依恋。因此,无论如何,后来人看起来都是这样的。高隆班(Columbanus)说:"如果我死了,那是因为我对盖尔人的爱,是我生命中不可承受之重。"[1]背井离乡和对家乡强烈的爱是分不开的,这不仅是一个模糊和感伤的怀旧问题,也是一个专注于细节的问题。克伦

---

[1] 引自帕特里克·皮尔斯:《谋杀机器》,都柏林,1916年,11页。

西尔是一位从远方唤起思乡情绪的作家，他成了定居海外的爱尔兰人的范式，在国外日夜思念着他所熟悉的小地方。[1]乔伊斯将这一情况表述为，流亡情景鼓励他对一个特殊的地方进行了一次全面而专注的回忆。因此，当他声称他想通过《尤利西斯》来丰富而准确地再现都柏林在1904年6月16日的画面，以至于这个城市能在他的书里得到重建时，他并非自豪地宣布某种先发制人的现代主义者的行动，而是在宣称他的作品在多大程度上持续和复活了古老的爱尔兰天主教传统。

　　理解乔伊斯爱尔兰流亡的第二种重要形式是政治，有重大政治意义的政治流亡传统始于16世纪。在16世纪30年代，基尔代尔（Kildare）的第10代伯爵托马斯·菲茨杰拉德（Thomas Fitzgerald），以"丝绸托马斯"而闻名，领导了对亨利八世的反抗，乔伊斯经常提及这件事，反抗失败了，杰拉尔丁家族遭到放逐。16世纪80年代，明斯特的德斯蒙德（Desmonds）也举行了起义，同样被完全击溃了。但是这两次不同地点的起义具有相同的结果，数百名被打败的爱尔兰反叛者进入欧洲服兵役，这成了一个传统，也使得来自法国、西班牙、奥地利和荷兰的军队从中受益。1601年金赛尔（Kinsale）战役中爱尔兰的失败导致了随后1607年"伯爵的逃跑"。 1649年至1650年，克伦威尔的破坏和随之而来的与爱尔兰的和解有类似的结果。然而，

---

[1] 枢机主教托马斯·奥菲爱彻：《基督教的开始》，见《爱尔兰历史教程》，T.W.穆迪和F.X.马丁编，科克，1984年，61—75页，74页。

如果按照马修·阿诺德在《奥西恩》中的说法,奥马登·伯克一再在《尤利西斯》中出现,叛军"出去战斗,但他们总是失败。"(《尤利西斯》,第七章,572—573页)[1] 爱尔兰的损失却是欧洲大陆的获益,爱尔兰称他们的政治流亡者为"野鹅"。这个词从1607年开始流传,特别用来形容威廉在博伊奈(Boyne)的战争中取得的"橙色胜利",以及1691年《利默里克条约》后追随帕特里克·萨斯菲尔德(Patrick Sarsfield)逃往欧洲的男人。整个18世纪他们在不断地流亡,通过专心服务詹姆斯二世事业的爱尔兰人,通过18世纪90年代的联合爱尔兰人的成员,通过1848年失败的年轻爱尔兰起义者,特别是通过在1867年芬尼亚会的起义后,像詹姆斯·斯蒂芬(James Stephens)和约翰·奥利里(John O'Leary)等爱尔兰共和兄弟会和芬尼亚会的流亡者。

即使今天,"野鹅继续逃亡着",乔伊斯写道。(《批评和政治作品杂集》,124页)他非常认同在欧洲政治流亡的盖尔人移居的传统。而重要的是,事实上他的这种认同以牺牲别的传统为代价,认为流亡是在新的世界重新开始,这是从18世纪晚期发展起来的思想。乔伊斯直到写《芬尼根的守灵夜》之前,总是拒绝前往美国,这至少表明他对美国的爱尔兰传统几乎没什么兴趣。在《芬尼共和主义:最后一个芬尼主义者》一文中,他赞美约翰·奥利里为伟大的政治流亡的最后一人。更值得注意的是,在《尤利西斯》中,他让年轻的斯蒂芬拜访巴

---

[1] 马修·阿诺尔德:《凯尔特文学研究》,伦敦,1867年,107页。

黎的伊根。至少从1795年开始，革命者沃尔夫·托恩（Wolf Tone）在那里的流亡已经结束了，一旦爱尔兰人政治流亡到欧洲，其他爱尔兰人便开始追随他们，这是斯蒂芬遇到伊根的关键所在。约瑟夫·凯西证明有许多古典人物和事件的故事都是从芬尼亚人和爱尔兰民族兄弟会神话而来的。但除此之外，伊根也唤起了传统的遗产，虽然脆弱的现实实际上标志着其政治的结束。"瘦弱的手，摸着我的手。是人们忘了凯文·伊根，而不是他忘了他们。锡安啊，我们思念你。"（《尤利西斯》，第三章，263—264页）伊根回忆了1867年芬尼亚主义者在克勒肯维尔（Clerkenwell）监狱引爆的"复仇的火焰"。（同上书，248页）在《尤利西斯》中，和平主义者乔伊斯创作的作品被同时代人沙恩·莱斯利（Shane Leslie）形容为"在良好的防御下，精心制造的在英国监狱进行的一场未遂的克勒肯维尔爆炸。"[1]

"野鹅"逃到了天主教的一些欧洲据点，在那里他们可以继续反对征服者，即便不再像从前一样以直接的方式进行。他们几乎痴迷地回望他们不可能再回去的爱尔兰，在这两方面，乔伊斯很像他们。政治的流亡也产生了对于"海外的领袖"或者"失去的领袖"的着迷，这种情绪通过很多方式，特别是诗歌表达了出来，尤其是在被称为梦幻诗或者艾丝琳（aisling）[2] 中，流亡被纪念并成为爱尔兰的潜在救

---

[1] 见罗伯特·H.德明：《詹姆斯·乔伊斯：批评的传统》，2卷，伦敦，1970年，卷一，211页。
[2] 梦幻诗在爱尔兰文学中的名称。——译注

星，关乎爱尔兰未来的希望。越过水面的救赎者将把爱尔兰从束缚中拯救出来，乔伊斯当然认为他的艺术具有潜在的救赎功能。有时，他甚至倾向于将自己看成是摩西式的人物，虽然这不乏讽刺意味。在1914年到1915年的戏剧《流亡者》中，他提供了爱尔兰救世主的版本。（诚然这是非常奇特的。）

理查德·罗恩（Richard Rowan）是位爱尔兰作家，他用阿奇博尔德·汉密尔顿·罗恩的名字，其中一个是在法国寻求庇护的爱尔兰人（虽然他明确宣称，他不是其后裔）。和乔伊斯一样，理查德在意大利生活多年，但最近和妻子伯莎及儿子返回了柏林。在这里，乔伊斯严肃地写道，理查德一定要忏悔，这是这个民族向归来的爱尔兰流亡者强行索取的。理查德的朋友罗伯特·汉德认为他是天主教神学的一大失败，他朋友的观点是正确的。像爱留根纳一样，理查德是一个无拘无束的人，也是一个"社会习俗与道德"的激烈批判者，（《流亡者》，148页）但是他也有克伦巴努的力度和高尚的影子。理查德是一个天主教徒，而罗伯特却是一个新教徒，"一个黑暗外国人的后裔"。他自言自语地补充说："这就是我为什么喜欢这里的原因。"（同上书，57页）他部分地赞美他为"血性"的男人。（同上书，73页）同时，他希望理查德作为一个文化英雄回到爱尔兰，满载人民对他的赞美。（最令人难以置信的是，他看起来似乎倾向于成为大学教授。）理查德眼中的罗伯特，具有剥夺他人而占有的欲望，也从不会完全无偿地给予。正如在《尤利西斯》中的海恩斯，他有良心的事实并不能让他完全被宽恕。

这出戏取决于罗伯特对伯莎追求。很显然，为了他自己，理查德已经在共谋，甚至计划要这样做了。流亡归来后的忏悔是无尽的和面向自己的，也是无条件地给自己的礼物。乔伊斯说《流亡者》是关于可以理解为善良的、极为罕见的爱情。理查德希望"爱的祭坛上应以占有的乐趣作为祭品"。（《流亡者》，149页）因此，他绝不控制妻子，允许伯莎享有完全的自由。然而同时，在实现这一美好愿望的时候，他也致力于自我解放。理查德用三种方式击败了掠夺者。首先，正如他所说的，通过交出完全的自由，他恰好拥有了掠夺者威胁要取走的东西。第二，掠夺者的权力也是将他人的财产再租赁给他，如果他愿意这样选择，理查德拒绝授予罗伯特这项权力。第三，无偿给予取消了任何拿起武器对抗掠夺者或者伤害他的必要。对于理查德来说什么是最关键的，正如后来在乔伊斯《尤利西斯》和《芬尼根的守灵夜》中所宣称的，侵略者的语言、文学和文化要比掠夺者或者掠夺本身更重要。

在这场戏剧的结尾，并不完全清楚罗伯特和伯莎是否已经相爱。但是，这并不是最重要的，正如理查德拒绝宣称任何高于伯莎的权力一样，罗伯特也未能提出任何高于理查德的权力。因此最后，历史必然性和道德逻辑一起裁定罗伯特必须流亡。恰如其分的是，和他在一起流亡的是被他恰当命名的表兄弟"杰克·贾斯蒂斯……在游览马车里，在乡村他有一个非常美好的地方，空气是温暖的"。（同上书，136页）乔伊斯在这场戏剧的最后一个评注是指"第一次将撒克逊带到爱尔兰海岸的伦斯特国王的不忠的妻子"。(《流亡者》，160页）这暗指迪沃基乐（Devorgilla），他和德蒙德·麦克默罗（Dermod MacMurrough）私奔了，这导致他被罢免和流亡英国，在那里他向亨利二世求助，这促进了盎格鲁-诺曼时期第一次入侵爱尔兰。对于乔伊斯来说，这不是一个厌恶女人的故事，对颇有欲望的爱尔兰人或者女人来说，《流亡者》中的邪恶并不是臣服于他人的慷慨欲望，而是剥夺这个欲望的意志，是不择手段地占有（或剥夺）他人的意志。

第八章

回眸：《都柏林人》

《流亡者》给我们展示了很多乔伊斯流亡的逻辑，从某种意义上讲，《尤利西斯》之前的几乎所有作品都是正确的。乔伊斯的伟大短篇小说集《都柏林人》，就是关于20世纪之交的都柏林。换句话说，它是关于乔伊斯离开后的都柏林，有助于解释他为什么离开。乔伊斯母亲的去世对他有极大的影响，他看到了她作为一个受害者，不仅仅是因为他父亲的浅陋，而且是由于一个日益迫使她陷入赤贫境地的"体制"。他在1904年给娜拉的信中写道："当我看着她在棺材里的脸，我明白我正在看着受害者的脸，我诅咒这使她成为受害者的体制。"（《乔伊斯书信选》[Letters of James Joyce]，第二章，48页）乔伊斯在《尤利西斯》中对斯蒂芬母亲形象的描述——消瘦、无助、衰老，也是在《都柏林人》中对都柏林的描写。"这不是我的错"，他抱怨说，"火炉的灰坑、陈旧的丧服和残渣的气味缠绕着我的故事。"（《詹姆斯·乔伊斯》修订版，222页）教会与国家既没有让他的母亲根据她自己的意愿来自我决定，也没有为她提供足够的精神力量来对抗生活的拮据。这种状况同样适用于都柏林。

　　像从波德莱尔到伊恩·辛克莱等其他现代作家一样，乔伊斯是一个在城市徘徊上瘾的人。他花了很多时间在都柏林游荡，尤其是在都柏林的"不夜城"。1904年的都柏林可能是俄国之外欧洲最贫穷的城市，根据现代的报告，都柏林不像英国其他城市，郊区"随处可见"。[1] 换句话说，每个角落都有贫民窟。在大饥荒时期，越来越多的穷人涌入了城市，他们没有被与其他市民隔离开来。国会在1800年结束后，许多富有的和有权的都柏林家庭遗弃了他们的大房子，穷人住了进来。比如，不像巴黎的左拉，乔伊斯没有写城市人的贫穷或者直接追踪他们的关注点，但是他意识到小说中的人物和他所属阶级的经济差异是微小和毫不重要的。乔伊斯曾经在《两个浪子》中略带讽刺性地强调，都柏林是一个有着根深蒂固的传统的城市，然而，截至20世纪早些时候，它是一个污染的、最落后的和辉煌已逝的首都城市。（《批评和政治作品杂集》，150页）在《都柏林人》，即被乔伊斯称为"国家道德历史的篇章"中，（《詹姆斯·乔伊斯》修订版，221页）乔伊斯开始尽可能地讲述都柏林。

乔伊斯写道："真正到了爱尔兰将永久失败的时候了。"（《批评和政治作品杂集》，125页）首先，他指的是政治的失败，而非个人的失败。一次又一次，爱尔兰被侵略者征服，没能开创自己的道路并取得独立。虽然它不断怒斥英国的统治，但它仍愉快地接受罗马继续占有它的灵魂，这是明显的事实。都柏林是一本写满了个人失败的读本。在《姐妹们》中，一个失望的、被贬的牧师忧郁而孤独地死去。在

---

[1] 查理斯·A.卡麦伦爵士：《1903年都柏林城市的健康状况报道》，都柏林，1904年，100页。

"衰落的房子,我的,他的和所有的。"(《尤利西斯》,第三章,105页)20世纪都柏林的贫民窟。

《伊芙琳》中,一个年轻的爱尔兰妇女找不到勇气和力量来履行与情人私奔的诺言。在《在赛车之后》中,一个爱尔兰人在一个醉酒的夜晚,和一群老练的欧洲人玩扑克牌,结果挥霍掉了他的遗产。这些无比凄凉的故事里的人物都是典型的都柏林人。如果说乔伊斯对他们的描述永远不仅仅是乏味,这可能是因为他用自己所称赞并从中受益的左拉或福楼拜的科学精神来描写,并与描写对象保持冷静的距离。

但事实上,乔伊斯多次表示,在他所逃离的都柏林,个人的失败和政治的失败往往是捆绑在一起的。失败的第一种形式，处处反映、包括和评价着第二种形式。《会议室里的常春藤日》通过强调帕乃尔失败后政治希望的停滞，以及跟随他觉醒的政治人物的无意义，用政治的词汇来表达了历史失败的主题。失败的历史和他们破碎的政治意愿，使他们的政治斗争无法继续。《圣恩》将同样的主题与爱尔兰天主教教会的当代状态联系起来，强调其信徒精神和智力的空虚，以及神职人员的肮脏和世俗。这两个故事大规模地描述了乔伊斯笔下人物生活中无处不在的政府机构和文化力量，但是在通常情况下，确实由于这些微小的细节而露了马脚。在《痛心的往事》中，一个叫做达菲的古板且有教养的银行出纳员，在唤醒了一个女人的感情生活后却冷漠地退缩了，女人因失望而举杯消愁，直到后来死去。乔伊斯没有谴责达菲，但是同时，他俏皮地在他的口袋里放了一份《都柏林晚邮报》，这就如同给以智慧自居的现代英国人一份《英国每日邮报》一样。达菲可能读过尼采的作品并出席过爱尔兰社会主义党的会议，但一份《都柏林晚邮报》显示了他的各个方面，这远比这些活动更加重要，无论是在气质方面（不冒险、保守），还是政治和文化方面（工会主义者）。

乔伊斯在讲述殖民地政治、文化和经济统治下，心灵注定失败的故事。在《无独有偶》中，一个店员在办公室碰到了麻烦，晚上通过喝酒来宣泄，然后带着郁积的愤怒、复仇和屈辱，回家打他的小儿子。他的沮丧出现在两个关键时刻，一个是碰到了他的阿尔斯特的新教老板阿列内，老板认为他是一个卑微、无能的凯尔特人；另一个关键时刻也是他的全面溃败，是由和他喝酒的同伴英格兰人威瑟斯触发的。威瑟斯不只看起来拥有远远超过法林顿的冷漠的世故、社会及性生活上的舒适，甚至还在扳手腕比赛中两次击败他。这两个例子表达了什么意思呢？当然，无论是阿列内还是威瑟斯，都不是有意表现得像殖民者一样，但是他们的行为却酷似殖民者，足以在法林顿的头脑中引发一场千变万化的殖民幻影。同样，在《一朵浮云》中，小钱德勒觉得他生命的渺小被揭露，他被更成功更国际化的朋友加拉赫斥责。但乔伊斯指出的是钱德勒的谄媚都源于他的野心，因为他们所关注的不是都柏林，而是伦敦。钱德勒痛苦地自责，缺乏自我认同，这不止是一个不幸的性格特征。它是自己的文化产品，或者说，事实上，他的失败不是他自己的，他富有想象力的生活完全是从别处借来的。

《都柏林人》非常关注殖民结构是如何强加于爱尔兰社会，又如何影响了爱尔兰社会中所有个人和组织关系的。它利用令人感兴趣的权力和技巧来解剖这些关系，所显示的是令人忧郁的清晰结果。殖民社会在历史上建立于剥削和残暴之上，这在不同层面、不同社会金字塔上不断浮现，表现在雇主和雇员、男人和女人、丈夫和妻子、父母和子女等之间的关系上。经济和社会地位的差异，在某种意义上是非常重要的。因此不平凡的人不屑于为了琐碎的钱而纠缠不清，更不关心级别和阶级这些微不足道的问题。然而，在同一时间，这种差别也可以忽略不计，因为真正的权力从一开始就总是在别处的。恰好因为，在一个殖民地社会，绝大多数人总是最终失去他们猛烈争吵而取得的微薄的特权。

即便不是全部，《都柏林人》中大部分主要人物是有迹可循的，至少曼根的精神痛苦和"灵魂的广大"是这样。(《批评和政治作品杂集》，58页）灵魂，就像热情一样，是一个陈腐的字眼。但是《都柏林人》正是一个堕落灵魂的编年史，也许可以通过《偶遇》中性爱的堕落得到充分说明，都柏林人通过忧愁的想象来徒劳地恳求一点理解，他们的辛酸几乎无足轻重，这是由帝国主义的权力造成的。他们提供给臣民思想和感情方式，却没有提供足够的精神寄托。乔伊斯越来越意识到一点，关键问题不在于殖民者将外来形式强加给爱尔兰人，这是他与同时代希望看到爱尔兰"去英国化"的那些人的不同之处。真正的麻烦是，他眼中的都柏林人，尚未占有殖民者的形式，转化它们从而使它们变成自己的，在这方面，他们仍然是被抑制的。

乔伊斯在《都柏林人》中讲了一些微妙和复杂的话，因此他是在走美学的钢丝，被误解的可能性极大。这表达了最近欧洲艺术家对无知和愚昧文化的高傲的蔑视，评论一直这样认为，但是乔伊斯当然并不这样看。书中甚至缺少像"可怜的科利"和"可怜的伊格内修斯·加拉赫"一样吸引人的人物，也不值得同情。他们"毫无经验"地停滞在现代性的边缘，也不再成长。(《都柏林人》，第二章，199页）"朝着祖国的精神解放，我已经迈出了第一步。"乔伊斯写道，

(《詹姆斯·乔伊斯》修订版，221页）他正举起了都柏林所需要的窥视镜，以协助爱尔兰现代文明事业。这不是一个使他脱离人民的任务，这当然也不是使他成为高级鉴赏家的任务。后来，当乔治·高尔特（Georg Goyert）提出《都柏林人》德译本的题目是《在都柏林他们像什么？》乔伊斯抗议地写道："这不是我的观点。"（《乔伊斯书信选》，第三章，164页）他更喜欢的题目是《在都柏林我们像什么？》

曾专心于解放大众的社会解剖学家，对于熟悉的、总进行道德评价的盎格鲁–撒克逊传统，一直感到疑惑。当乔伊斯只差最后一篇小说未完成时，他本人似乎已经意识到这个问题，开始担心他对都柏林"过于苛刻"，他没有展示城市的任何旅游景点，更没有复制"朴素的岛国生活和热情好客"。（《詹姆斯·乔伊斯》修订版，231页）因此，在1906年中，在完成所有故事后，他从1907年开始增加时间更长、影响更复杂的故事，从而创作出现代短篇小说的典范，这就是《死者》。

《死者》的故事（大概）发生在1月6日主显节盛宴的时候，确实展示出一些以前故事中少有的慷慨和热情，尤其是在茅堪斯小姐周年舞会的圣诞氛围中，首次让整本书都充满了生机与温暖。尽管乔伊斯已经表达了意图，但情绪不是《死者》里最重要的，这个故事主要是关注加布里埃尔·康罗伊和他的妻子葛利塔的。加布里埃尔是一个幸运的"高等教育"的受惠者，他感觉这让他高于周围的人（《死者》，

203页），特别是，虽然他爱他的妻子并感到幸福，但他也觉得高她一等。

毫不奇怪，乔伊斯并不总能写出很好的批评文章，但他相比起集中于假定的缺点，更关心揭露内部的矛盾，以及这个矛盾在特定的历史时刻与文化状态的关系，正是这种文化状态决定了加布里埃尔能够成为什么和不能成为什么。一方面，他、他的姑姑和他们的家人已经取得了资产阶级令人体面的荣耀；另一方面，这个受人尊敬的徽章多次被或多或少地明确证明是联合主义者的，这就是英语或以英语为导向。然而，正因如此，他们也是二手的，并且往往是褪色的和破旧的。只要稍一变动，他们就失去了光泽。因此，加布里埃尔的弱点，从表面的自信，悄悄陷入不安、"躁动"、"彻底失败的恐惧"（《死者》，179页，204页）。他的文化既没有抓住他，也没有赋予他力量，而只是一个供他蜷缩的外壳。

葛利塔却非常不同，她像娜拉一样来自戈尔韦地区，也有一种精神的生活，不仅超越丈夫的经验，也很出乎他的理解。正是这块礁石终于让加布里埃尔那不堪一击的泰然自若丧失。这个故事的结局正是依据他们的差异而转移，在那晚行将结束的时候，加布里埃尔看到一个女人，她在全神贯注地听一个男人唱歌，一时间他没有认出她，而这人就是他的妻子。这一刻开始了一个过程，在故事的剩余部分，加布里埃尔对他妻子熟悉的设想逐步溶解了。他们返回酒店，加布里埃尔内心充满了一种对老婆溺爱和淫荡的混合情绪，这是在那些上流社会的、非常伤感的、维多利亚后期和爱德华七世的修辞表达术语中，他所能唯一想起的。然后葛利塔揭示了她听到的这首歌对她很重要的原因——她年轻时一个难忘的情人为她唱过这首歌，她认为情人为她而死去。

他的妻子睡着了，加布里埃尔毫无怨恨地沉思于他自认为是从屈辱中获得的教训，他确定"出发西行的时机已经到来"。(《死者》，205页)加布里埃尔是否将开始这一旅程，这当然是令人怀疑的，即使他开始了这场旅行，他又是否会很肤浅地去完成它。但是在这点上，乔伊斯接管了过来，用大量萦绕于心的、美丽而忧郁的散文来描写加布里埃尔的最初姿势，那散文能让人想起了西部雪花飘落的风景。主题首先是爱尔兰西部和死亡之间的联系，它有以下几个方面：从神话的角度讲，爱尔兰西部是死亡之地，但更重要的是葛利塔听得入神的歌曲《奥格里姆的少女》，这首歌使人想起了压迫和痛苦的历史。一方面，"少女"是一个农家姑娘，她抱在怀里死去的孩子被地主拒绝接纳，于是她自溺而死。另一方面，奥格里姆的名称意义是失败的历史的崩溃。1691年奥格里姆战斗被断言是"爱尔兰历史上最具灾难性的战斗"，[1]在浩劫和野蛮的大屠杀中，威廉的"橙军"打败了爱尔兰天主教而取得胜利，也终于"打断了盖尔文明的脊椎"。[2]

---

[1]　R. F. 福斯特：《现代爱尔兰：1600—1972》，伦敦，1989年，50页。
[2]　《青年艺术家的画像》，带有谢默思·迪恩的介绍和注释，伦敦，1992年，315页。

饱受饥荒之苦的村庄,1846年。

因此,《死者》里设有围绕"国王比利"雕塑盘旋的马和马车的形象,这并非巧合。而正是在故事结尾的表面之下,仍然凸显出更荒凉的主题。尤其是西部曾经遭受过大饥荒,毫不夸张地说在19世纪40年代这里尸横遍野,在某种程度上这曾让外国游客吃惊得目瞪口呆。在乔伊斯的一代,饥荒绝不是一个舒适的、褪色的历史记忆,西部仍然经常存在19世纪90年代末爆发的饥荒。想到饥荒,对作为一个整体的《都柏林人》来说有建设意义,乔伊斯对此描述说是文化和人的麻痹和惰性,接近于无意义,是后灾难性的。在《死者》中已明确提及大饥荒,但每个爱尔兰读者对伟大的最后一段可能已作出回应,在头脑中浮现了大饥荒的场景。当然，在故事接近断然打破内部和谐的时候，它却没有完全这样做，乔伊斯非常谨慎，崇高一点也没有因为讽刺而被触动。乔伊斯让我们牢记加布里埃尔温暖的酒店房间和我们自己类似的东西，世界饥荒死亡不是加布里埃尔的，也不是我们的。《死者》的结尾仍然是墓志铭，这是乔伊斯对历史苦难的曲折敬意，他其余的作品，在继续承担灾难历史的重负之时，同时也将超越而前行。

第九章

帝国第二前哨

乔伊斯、卡夫卡和福克纳属于同一类，这即便没有表现在所有方面，至少在一些重要方面是这样。这三个人在作品中都描写了失败者或少数民族的文化（爱尔兰天主教、布拉格的犹太人、美国南方人），当然与当时的主导力量相比这是边缘的。（英国、哈布斯堡王朝、美国人）这三个人与主流文化都格格不入。对于乔伊斯和卡夫卡来说，部分是由于语言问题。三人都讨论、质疑并试图改变占主导地位的文化及其形式，在此过程中，这三个人也都成了我们现在称为现代主义的关键人物。

但是布莱希特很清楚地意识到，与乔伊斯同时代的还有另外一位小说家雅罗斯拉夫·哈塞克（Jaroslav Hašek），但他往往很少被注意到。[1] 在《尤利西斯》中，乔伊斯创造了伟大的现代爱尔兰民族史诗，但由于他的史诗来自被征服的文化，它与《伊利亚特》、《埃涅阿斯纪》、《失乐园》或者《吉尔伽美什》都有着显著的不同，这恰恰成就了他的现代性。这同样适合于捷克的现代民族散文史诗《好兵帅克》。《好兵帅克》处处嘲笑帝国主义的权力及其话语的浮夸、自负和空乏的自信。

---

[1] 对布莱希特的观点，见罗伯特·维尼格尔：《詹姆斯·乔伊斯在德语国家早期的接受：1919—1945》，见《詹姆斯·乔伊斯在欧洲的接受》，哥特·雷尔诺特和维姆·范·米尔诺编，两卷，伦敦和纽约，2004年，卷一，前言14—50页，正文47页。

哈塞克的感受力非常大众，他对无情的奥匈帝国的立场进行猛烈的嘲笑。帅克本身有一个极其可爱的性格——灵活而机敏，但也古怪而单纯。小说也包含捷克的流行文化、它的日常生活和价值观。帅克不时地想要展示一些对生活更高的感受，但崇高不是他的风格，他安于错误和心理的粗劣。他常常住在客栈或酒吧，也有娱乐性的淫秽的才智。在这些方面，他就像乔伊斯的尤利西斯或布鲁姆，又或者两者都像。然而乔伊斯本人却一点也不像哈塞克一样对奥匈帝国存有敌意，毕竟，对他来说这不是真正重要的。与大英帝国相比，它是放荡的但绝非令人讨厌的事情，乔伊斯说他希望更多的帝国像它一样。尽管如此，他用打油诗的形式写了一篇讽刺奥匈帝国君主的文章，这非常像他写爱德华七世的文章，[1]它也非常适合《好兵帅克》。

《好兵帅克》中展示了多种族的世界，这使它具有历史现实主义的特色。它准确地反映了奥匈帝国的种族多样性，以及根据种族分级管理的情况。哈塞克的小说含有对奥地利人的敌意，这不只在帅克身上表现得很明显，在哈塞克的一系列人物形象上也都有表现。奥匈帝国成为政治和文化异议的一个肥沃的滋生地。当乔伊斯搬到的里雅斯特的时候，他发现自己正是来到了这个滋生地的一个角落。像都柏林一样，的里雅斯特是一个帝国的前哨，而且是一个重要的前哨。在维也纳和哈塞克的布拉格之后，它可以算得上是第三个伟大的帝国主义

---

[1] 见《詹姆斯·乔伊斯》，396页。

帅克和奥地利的权威：由约瑟夫·拉达为雅罗斯拉夫·哈塞克绘制的《好兵帅克》(1921—1923)。

城市，在很大程度上甚至是一个帝国的创造。在18世纪，奥地利想要拥有一个地中海港口，但自1848年以来意大利仍然一直声称它是自己的，这过程激起了很多奥地利爱国者的愤怒。

1905年春天，乔伊斯从波拉回到了的里雅斯特，这很可能与奥地利帝国当局的一个重大冲突有关。据克里韦利说，至少在 "民族统一主义者间谍插曲事件"之后，所有在波拉的外国人都被勒令要求离开。[1] 自1878年以来，意大利的政治运动民族统一主义，已呼吁所有讲意大利语但没有在意大利统治之下的地区统一起来。现在乔伊斯在的里雅斯特的贝立兹学校找到了工作，他不太喜欢波拉，那是一个军

---

[1] 伦佐·S.克里卫利：《詹姆斯·乔伊斯：的里亚斯特的旅程》，的里亚斯特，1996年，34页。

港,他所教的学生是奥地利海军官员。但与的里雅斯特不同,波拉拥有不同肤色的人种和生活方式,也充满着不同的声音、腔调和语言。乔伊斯非常清楚奥匈种族和语言的组合,"上百的种族和成千的语言"。(《乔伊斯书信选》,第一章,57页)这在的里雅斯特表现得十分明显,也是它拥有不屈生命力的重要原因。在的里雅斯特,乔伊斯到过基督教教堂,例如希腊和塞尔维亚东正教,这与他所熟悉的宗教完全不同。这个城市被称为"东方要道",对奥地利与远东及以外的贸易联系非常重要,而东方文化也已在这里打上了印记。[1] 这些是乔伊斯的里雅斯特经验的重要组成部分。

克里卫利指出,的里雅斯特在许多方面都像都柏林,相似之处部分是可见的,如宽阔的海湾、乔治王朝艺术风格成熟时期的灰色新古典主义建筑、大运河,这些在都柏林都可以找到对应物。的里雅斯特也像都柏林一样有很多贫民窟,广大的老城区(和妓院区)是一个散发着恶臭的黑暗迷宫——垃圾遍地的小巷、狭小肮脏的运河之上处处摇摇欲坠的茅舍,乔伊斯对此都很熟悉。在阴雨天气,黑色的污水从铺路石下喷射出来,正如在爱尔兰的首都,这就是它被众人称为"亲爱的肮脏的都柏林"的原因。老城区的健康问题也很明显,其中许多疾病都是20世纪早期都柏林贫民的常见病:胸部疾病——特别是结核病、循环系统疾病、先天性紊乱等,这都是卫生条件差所造成的。在

---

[1] 这点麦考特在《昌盛之年》中已经大量说明,见《昌盛之年》,103—104页。

本世纪初，的里雅斯特的死亡率甚至比都柏林都高，这两个城市的情况在欧洲几乎是最糟糕的。

的里雅斯特和都柏林的相似之处也表现在政治方面，的里雅斯特的民族主义者也意识到了这一点。[1] 的里雅斯特是民族统一主义的温床，然而，相当一部分人虽然讲意大利语，但实际上是斯洛文尼亚人的血统，而斯洛文尼亚在周边地区占据着主导地位。在的里雅斯特也有很多其他帝国的少数种族，特别是其他斯拉夫种族，也有犹太人。奥地利种族政治无处不在，在奥匈帝国的种族等级制度，被认真区分辨别"主人"和"臣民"的种族学说所加强。这使得意大利可以像匈牙利一样宣称自己比其他种族，特别是比斯拉夫更优越，但同时明显弱于德国的"优越性"。事实上，的里雅斯特的文化等级与都柏林一样。此外，如英国人在爱尔兰一样，奥地利采取分而治之的治理手段，让种族和派别互相斗争以取得政治优势，这在的里雅斯特和其他地方是一样的。毫无疑问，城市充满了紧张和怨恨，这反过来招致监控和警方控制。当乔伊斯在的里雅斯特讲课时，他的课程需要警察批准，警察观察员也会参加他的课程。一份报告上提到："无意外事件。"[2]

实际上，的里雅斯特这个城市也有乔伊斯自己的影子，但又有一

---

[1] 《昌盛之年》，103—104页。
[2] 同上书，179页。

些重要的差异，后来这些差异被证明对他的工作至关重要，这些差异帮助乔伊斯从内部和外部来思考都柏林。他在1906年7月离开了的里雅斯特一段时间，在古老帝国的首都罗马的一家银行工作，但他讨厌这个城市。罗马是教皇所在地。他的"该死"的完美（《乔伊斯书信选》，第二章，189页）没有让乔伊斯喜欢这座城市，即使罗马的声音也是令人不愉快的。罗马语的差异主要是由于它们的"后音节破发"（《詹姆斯·乔伊斯》增订版，228页）的习惯。当乔伊斯听到英国游客的声音回荡在竞技场时，他们自己充满了帝国历史的重量，"当竞技场衰落的时候，罗马将垮台"。（《乔伊斯书信选》，第二章，168页）这座城市似乎汇集了两个他非常熟悉的统治者，的里雅斯特之于都柏林，就犹如罗马之于伦敦。毫不奇怪，乔伊斯在罗马的插曲只持续到1907年3月，然后他整理行囊返回的里雅斯特。

  乔伊斯仍然和都柏林保持着密切关系，他持续与家人和朋友频繁接触，不断获取都柏林的最新消息。很快，他也忙着建立大洋彼岸的爱尔兰家庭。他的儿子乔治出生于1905年7月，女儿露西亚出生于1907年，他邀请弟弟斯坦尼斯劳斯也来的里雅斯特，因为现在贝立兹学校有一个教职空缺。1905年10月，斯坦尼斯劳斯抵达的里雅斯特，管理并多次资助乔伊斯一家人，他也比詹姆斯更的里亚斯特化，余生都在那里度过。斯坦尼斯劳斯后来这样描述自己：一个相当可恶的、以自我为中心的、挥霍无度的、堕落天才的、长期遭受苦难的受害者。

詹姆斯的不负责任肯定严峻地考验了斯坦尼斯劳斯的现有财力和耐心，但斯坦尼斯劳斯相信他哥哥的使命和天赋，他甚至给自己的儿子起名为詹姆斯。他的谨慎终于对他有利，经过一年的艰苦考验，他幸存了下来并获得成功，通过婚姻跻身到的里雅斯特上流社会，并成为一名正式的大学教师和备受尊重的公民。追本溯源，正是詹姆斯使这一切成为可能，他想从他父亲正在沉没的命运之舟上尽可能"拯救"一些家庭成员。然而，一旦他们到达，他们可能成为一个摇摇欲坠家庭的有力支撑。这一情况也同样发生在其他人身上，如他的"天主教宣传人员"姐妹们——伊娃和艾琳，乔伊斯亲自把她们带到了的里雅斯特。但伊娃很快就逃回都柏林，艾琳却留了下来，最终与哈塞克的一个同胞结婚。

如果说的里雅斯特如同家乡，那么它也以重要的、创造性的方式扩大了乔伊斯的视野。在这里，他变得对很多犹太人很友好，他们是有趣的、受良好教育的和经常周游世界的。麦考特说，只是在的里雅斯特，乔伊斯与犹太社区在其政治和文化的复杂性上很密切。[1] 这当然会对他未来杰作的产生大有裨益。的里雅斯特也有很多文化上的优势，毕竟在这个城市可以听到马勒指挥瓦格纳的作品。乔伊斯重视意大利未来主义运动，这在的里雅斯特非常流行，他对新技术也有热情。并协助和推介伟大的的里雅斯特小说家埃托雷·施密

---

[1] 《昌盛之年》，218页。

茨，这位小说家比具有施瓦本（Swabian）血缘的犹太人伊塔洛·斯威沃更有名。乔伊斯不仅热情地关注他在城市发现的现代欧洲文化，还试图引进爱尔兰，因为他知道爱尔兰需要它。在1904年，的里雅斯特和都柏林还没有一家电影院。然而到了1909年，的里雅斯特有了几家，都柏林却仍然没有。的里雅斯特跟上了现代世界发展的节奏，而都柏林却没有。乔伊斯开始弥补这个问题，他激起了一群的里雅斯特商人在都柏林、贝尔法斯特和科克建立电影院的想法；他也在都柏林度过了一段时间，想建立当地第一家电影院。但是很快，他的伙伴们放弃了这一计划。都柏林的现代化尚需等待。

就像在《尤利西斯》最后一章里非常重要的直布罗陀一样，的里雅斯特也是由外来权力统治的一个地中海地区。然而，它尽力让这种统治幸存下来，而且没有对它的文化造成明显的精神创伤。的里雅斯特使乔伊斯远离都柏林，但没有使他对都柏林漠不关心，他始终远距离地观察着都柏林，对于乔伊斯来说很有意义。在某些方面，乔伊斯在两个城市之间保持中立，尤其是在政治上。他与民族统一党的圈子和活动有着一系列的联系。他知道他们与爱尔兰民族主义者有多少相同点，尤其在不断要求拥有自己的大学方面。然而，当斯坦尼斯劳斯对民族统一党真正同情时，詹姆斯警觉到他太过于同情民族统一党事业了。如同在都柏林的英裔爱尔兰民族主义者一样，民族统一党从一个相对的特权阶级立场发言，他们与周围占多数的斯洛文尼亚人保持一定距离。但乔伊斯支持凯尔特人和斯拉夫人，争辩说："在许多方面，他们彼此想象。"（《批评和政治作品杂集》，124页）在任何情况下，从1904年到1907年，他仍自称社会主义者。在贝利兹学校，他和社会主义者交往，这也是他在那里工作的结果。他听取了他们对奥地利国家和天主教教会的谴责，以及对民族统一主义不信任的表达，他也读了一些他们所读的，例如高尔基的小说。他受到意大利社会主义知识分子，特别是古列尔莫·费雷罗（Guglielmo Ferrero）的影响。然而，到1907年，他发现自己越来越多地被吸引到新兴的新芬党和其领导人格里菲斯那里，他把格里菲斯看成是一位明智和务实的人。

乔伊斯成熟的政治可能被认为是新芬党民族主义的一个变种，但它是如此复杂，经常被看做是不同的政治。有些方面他非常接近新民族主义，但是在主要的方面，与它也有着根本的分歧。因此，乔伊斯声称是一个"超然的观察员"，而不是一个"坚信的民族主义"（同上书，116页）。当然，乔伊斯政治思想的发展，从他在意大利大学所上的课程，以及1907—1912年间他给民族主义报纸*IL Piccolo della Sera*写的文章中，可以清楚看出来。正如凯文·巴里认为，讲座和新闻的很多内容都出自格里菲斯。[1] 然而，在同一时间，的里雅斯特的著作显示出它对爱尔兰复杂的态度，以及与英国和教会的关系，这应极大归功于乔伊斯的海外视角。执著于复杂性成为乔伊斯的一个关键原则，

---

[1] 见巴里：《批评和政治作品杂集》，序10页。

从此之后乔伊斯从未放弃它,并成为他现代主义最重要的根基。的里雅亚斯特的著作没有随意而为,它们基本上是考虑周到的;此外,它们同时也周到地告诉我们乔伊斯写作小说的很多方面,如《青年艺术家的画像》,以及此后他所写的《尤利西斯》。

乔伊斯逐渐投入复杂性的原因之一是英语新闻意义的匮乏。英国新闻用令人沮丧的速度来"处置殖民政治最复杂的问题"。[1] 正如巴里再次表明的,乔伊斯本人开始扭转这个过程。这一部分是由于他的新经验,在的里雅斯特,他多次否定对爱尔兰的刻板印象和偏见。这可能是第一次他本人给他们留下了印象,而不是以盎格鲁–撒克逊人的身份。他意识到,或者更强烈地认识到,世界上所传播的爱尔兰形象源自英国,而并非爱尔兰。他在1907年和1922年间全部的工作,在一定程度上是受到一个强烈愿望的推动,那就是他要纠正这种状态。应当告知世界,爱尔兰人不是"我们在《旗帜报》(*Standard*)或者《早报》(*Morning Post*)的主要文章里所读到的精神错乱和无能的白痴。"(《批评和政治作品杂集》,123页)的里雅斯特是一个很好的开始述说的地方,因为如果它展示给乔伊斯一些对爱尔兰冷漠的污蔑,由于其自身的政治情况,它也提供给志同道合的大众。他演讲的观众就有同情民族统一者的。在*IL Piccolo della Sera*的编辑罗伯特·普瑞兹奥索,特别要求他去抨击的"不仅是统治爱尔兰的大英帝

---

[1] 《批评和政治作品杂集》,序19—20页。

国，而且也是统治的里雅斯特的奥匈帝国"。[1] 所以，当乔伊斯在评论的里雅斯特时，也是在评论爱尔兰，反之亦然。

　　乔伊斯在爱尔兰政治和文化思想的复杂性，在他的里雅斯特的第一次讲座里表达得最为清楚。当时，虽然不同的知识分子的观点各有吸引人之处，但是作为整体最终却难以令人接受。它从中独辟了一条异常狭窄的航道，但因为演讲经常自我矛盾，这条航道也非常有限。乔伊斯部分地关注"圣贤之岛爱尔兰"的概念，正如他的题目所建议的。自从乔伊斯告诉他的听众，他所讲述的历史应该加点佐料来处理，并表示，爱尔兰的自信不应该基于过去的辉煌，我们可能预料到这个概念会碰到艰难。事实上，乔伊斯几乎总想着这些圣人的生活细节，并对自己的欧洲职业生涯感到非常自豪。但是，这两个明显不一致的态度由一个单一的逻辑结合在一起。实际上，乔伊斯使爱尔兰的实力得到双重保障。他让一些被忽视的爱尔兰历史文化财富重见光明，但在极力主张我们需要一个有洞察力的，甚至持怀疑态度的爱尔兰传统时，他似乎又是精明持重而冷静科学的。实际上，他将自己定位为新兴的当代爱尔兰形象代表，这个爱尔兰希望能进入现代欧洲国家大家庭之中。自从他声称现代性与对知识神话形式的否认密不可分的时候，他也就开始与民族复兴主义者斗争，因为他们也持有类似的主张。

---

[1] 《批评和政治作品杂集》，序19—20页。

双面逻辑仍然存在于乔伊斯对其他主题的处理中。以种族为例,一方面,他在讲演中肯定地指出,爱尔兰是一个长期不纯的种族。(《批评和政治作品杂集》,118页)爱尔兰人"是一个由非常不同的元素混织的巨大织布。"(同上书,118页)然而,正是在这一段落的末尾,乔伊斯也写了"爱尔兰现代的种族",形容它属于凯尔特家族。他将爱尔兰人等同于凯尔特人,并论述说爱尔兰问题是英国凯尔特人困境的一部分。他偏离得如此之远,甚至断言,爱尔兰可能是一个混种民族,这本身就使他们构成一个"新的凯尔特种族"。(同上书,11页)如果爱尔兰的血总是混合的,为什么会像乔伊斯所说,现代爱尔兰运动中大多数英雄身上没有爱尔兰的血液?他再次在走岌岌可危的钢丝。他要坚持爱尔兰的独特性和历史的重要性,但他同时也希望与之保持一定距离,使两者成比例,因为他知道这个坚持是如何缺乏现代性的。

虽然说演讲在悖论边缘徘徊,但是乔伊斯这样做有很好的理由。殖民统治的衰退将作者置于几乎不可能的情况之下,他必须推动自己的事业和民族的未来走向独立。困难在于知道如何最好地思考国家的历史。作为需要尊重的受压迫而苦难的历史,它把作家吸引到身份认同上;但因为失败和奉承的历史,它使他感到不愉快。由于是具有依赖性的历史,它必须被克服和放弃。如果一个自由的概念,尚未对那些在此过程中工作、斗争、受苦和死亡的人,致以严肃而持久的尊敬,那将是一个危险而没有价值的概念。那么,作家必须同时肯定和否认过去,他必须认同历史的激情和危机,并对历史的悲剧保留真诚，尤其是因为从这其中产生了自我独立的斗争。然而，他也必须指出要超越他们，因为他知道，健康的独立意味着从历史中分离，甚至是某种程度的历史遗忘。

因此，"圣贤之岛爱尔兰"对于英国统治和英国与爱尔兰的关系，有两个完全不同的说法。一方面，乔伊斯是指被绑到一辆马车上的一个人，他的内心被英军鞭打。至少在讲座中，这相当接近乔伊斯心目中英国对待爱尔兰的象征。乔伊斯不但说，而且反反复复相当大胆地说，在爱尔兰的英国人一直是野蛮的放纵者、狡猾和腐败的压迫者。他接近芬尼亚会和民族主义者的经历使他完全知道，英国侵略者是如何残忍，在掩盖事实方面是多么擅长，即使对于他们自己。但另一方面，他是极其实际的，他拒绝选择芬尼亚会和民族主义者的愤怒，对于殖民者的卑鄙不公，他没有激动或悲痛地谴责。作为现代知识分子和作家的乔伊斯，通过提升优越感和不屑一顾来拒绝殖民历史，然而这样做确实需要付出极大的努力。他声称反对殖民权力的残暴是幼稚的，因为残暴本身就是殖民游戏的代名词。确实，提出道德的抗议，甚至是在与殖民者杜撰的自我形象共谋，殖民者认为在殖民活动里存在着危险的道德原则。不能有任何关于帝国道德的辩论，帝国，顾名思义是可怕而无原则的，这对于罗马天主教和英国都是事实。然而，爱尔兰对于帝国统治的态度无疑是矛盾的，他们强烈批判英国，但"罗马暴政仍然占据着灵魂"，（《批评和政治作品杂集》，125页）并专制地渴望任何真实的自由意志。

殖民地霸主的行为不是最重要的事情，重要的是爱尔兰作为一个自主的现代民族可能出现的"复兴"。(《批评和政治作品杂集》，125页）讨论中的自信是精神、经济、文化、物质和实用的混合。当然，这意味着同时要大力抵御两个帝国主义列强，但是这需要抗拒对敌人的密切依赖或同谋，而敌人也不可避免地会反对他。乔伊斯所有在的里雅斯特的著作，都遵循相似的曲折思想，的里雅斯特本身使他这样认为，在《尤利西斯》中有奇妙的漫画场景，有一个犹太局外人利奥波德·布鲁姆傻傻地冥想天主教神秘的奥秘，如弥撒：

挨着什么女郎坐着，倒是挺优雅的地方。谁是我的邻人呢？整小时挤在一起听舒缓的音乐……我敢说它使她们感到幸福。棒棒糖，真是这样。对了，它叫做天使面包。这中间还是大有文章的，一种天主的王国就在你身体中的感觉。第一批领圣餐的人。手法高超，一枚钱币一大块。(《尤利西斯》，第五章，340—342页，359—362页）

如果没有的里雅斯特，乔伊斯不可能会写出如此令人兴奋的、亵渎神灵的东西。的里雅斯特给他机会，从相反的角度看待爱尔兰，而相反的观点也充斥在他的演讲和报刊文章中。

这个机会一直持续到第一次世界大战爆发，然后这个城市中外国人的生活迅速变得更加困难。1915年1月，支持民族统一党的斯坦尼斯劳斯被逮捕并拘留在奥地利；1915年5月，当意大利作为奥地利的对立方参与战争后，他当然只能在流浪中进行写作了。乔伊斯和他的家人在6月离开了的里雅斯特，当他们1919年回来时，的里雅斯特比1905年时更像波拉了。现在是胜利者以马内利（Emmanuel）的的里雅斯特，意大利东部边境上的港口迅速呈现更加冷静和迂腐的气氛，的里雅斯特在奥地利帝国时远远比现在更有生机。确实，在新的自由政权的统治下，自由的的里雅斯特并非与不久之后的都柏林毫无相似之处。但乔伊斯对新的里雅斯特没有一点感觉，1920年夏天他永远地离开了这里。

第十章

《都柏林人》出版之战

乔伊斯在的里雅斯特的岁月里，还有另外一个故事，那就是他为出版《都柏林人》而不断斗争。这几乎贯穿于乔伊斯在的里雅斯特的始终，也为理解乔伊斯随后的发展提供了一个非常重要的背景。

乔伊斯从1904年开始写作《都柏林人》，年底时《爱尔兰人家园》已经发表了其中的3个故事。到1905年10月，乔伊斯已经完成了其中的11个故事。他将这些故事邮寄给格兰特·理查兹。从1897年开始，理查兹在都柏林已经拥有了自己的出版公司，通过出版知名作家的早期作品而获得声誉。乔伊斯似乎很让他感兴趣，虽然《室内乐》（乔伊斯的诗集）的手稿让理查兹倾家荡产，此事件可能也给作者带来一些不安，然而一段时间后却变得一切顺利。读者很喜欢这本书，理查兹自己也很喜欢，他提供了一份合同，乔伊斯正式签署了。

麻烦开始于1906年2月，乔伊斯寄给理查兹一份《两个浪子》的故事，理查兹没有阅读就交给了印刷工人。根据英国法律，对于出版任何不雅或亵渎的内容，出版商和印刷者都可能被控诉。理查兹的印刷商立即将《两个浪子》邮寄给理查兹，并附言"我们不能印刷这篇故事"。[1] 理查兹似乎反对乔伊斯对"性"这一故事主题的处理（其实

---

[1] 《批评和政治作品杂集》，序19—20页。

他非常谨慎),他对《无独有偶》中的细节也同样反对(如提到一个女人在法灵顿的椅子上摩擦)。乔伊斯则反驳说,这样的细节甚至在常规的离婚案件报告中也很普遍。印刷商身上一定有"祭司的血统"(《詹姆斯·乔伊斯》修订版,200页),对理查兹来说,他应停止挑剔,帮助改变已经成为"欧洲笑柄的英国文学"。(同上书,200页)

然而,理查兹并不准备参与乔伊斯反对教会与国家的斗争,相反,他要求乔伊斯从《圣恩》中去掉"他妈的"这个词。乔伊斯回答说,这个词在故事中随处可见,并以他与理查兹从一开始就推动的《都柏林人》的现实主义为理由进行辩护。如果他笔下的人物说自己一定要狠狠地教训另外一个人,作者又怎么能去改变它?这好像是在给真相消毒呢。乔伊斯的道德历史和精神解放工作取决于准确,如果理查兹阻止爱尔兰人在乔伊斯的窥镜里好好审视自己,他将会"阻碍爱尔兰文明的进程。"(同上书,222页) 然而,这是理查德不愿意承受的风险,他同意接受《两个浪子》,但前提条件是乔伊斯必须进行一定的修改。乔伊斯改写了《姐妹们》,去掉了6个"他妈的"。因为害怕破产,理查兹认定这种妥协还不够。1906年9月,他收回了出版合同,将手稿退回给乔伊斯。

乔伊斯对故事做了一些修改,增补了《死者》,并把它们发给了伦敦和都柏林的其他出版商,但都没有成功。此后的1909年,他试着发给了默恩塞尔(Maunsel)公司,这是与英裔爱尔兰复兴主义者有着密切联系的一家都柏林的新出版社,是约瑟夫·宏(Joseph Hone)

和北爱尔兰人乔治·罗伯茨（George Robert）在1905年夏天开创的。罗伯茨是一个神秘主义者，有时也是尼采哲学研究者，他以前曾销售女性内衣，后来成为出版社总经理。他和乔伊斯之前认识，乔伊斯当年从都柏林出发前曾向他借钱，当乔伊斯喝醉时还送他回家。罗伯茨阅读了《都柏林人》，很喜欢它并提供给乔伊斯一份合同。他甚至让乔治·博纳特·萧伯纳帮助推进这本书的促销，并提前给了乔伊斯版税稿费。之后，他也产生了类似理查兹的忧虑，担心人物的一些语言，但他主要纠缠于《会议室里的常春藤日》中的一段，其中一个人物（非常放任）将乔治七世看成一个"普通的闹剧小丑"，喜欢他的"烈性酒"，是"有点放荡的人"。（《死者》，148页）他要求乔伊斯修改这一段，乔伊斯应付性地处理了，但并没有令他满意，他提出了更多的要求，但乔伊斯没有回应。

有些人可能对罗伯茨软弱而拘谨的担忧不屑一顾，但乔伊斯将他看成英国君主面前一个忠诚的、卑躬屈膝的人。可能他这样做是有所指向的，至少根据约瑟夫·宏的说法，对于治安委员会的狭隘（对不雅作品采取的政策就是搜索和销毁）和爱尔兰总督妻子的道德权威，罗伯茨做了让步。理查兹对维多利亚和爱德华七世时代艺术问题的屈服也表现出了类似的怯懦。然而，在罗伯茨案例中，乔伊斯令人吃惊地决定，能证明罗伯茨是何等胆怯的唯一方式就是找到一个最高地位的人，即让乔治五世国王本人宣布他可以接受被质疑的这一章。事实证明乔治五世不会这样做，他的秘书冠冕堂皇地回答说："在这种情况下表达他的意见是与陛下的统治不相符的。"(《詹姆斯·乔伊斯》修订版，315页）乔伊斯随即转向了爱尔兰的报纸，他将这一章内容印刷后发送给它们，并附信指控说理查兹和罗伯茨是如何拙劣地对待他。他还强调这一指控不只针对个人，而是针对一个"系统"，(同上书，315页）这犹如他对他母亲去世的指控。颇有启发并意味深长的是，只有新芬党将他所提交的内容全部印刷了。《会议室里的常春藤日》并不是《都柏林人》想要表达的全部，它可能有一点点被描述为普通的民族主义者情绪的直白表达，只有新芬党真正了解乔伊斯写作的文化。

　　罗伯茨的要求还没有结束，他要求更多甚至更大的修改，乔伊斯在绝望中同意了。但罗伯茨也提出经济赔偿金以应对可能发生的起诉，乔伊斯当然拿不出钱，罗伯茨因此拒绝出版。乔伊斯提议在一定条件下，删掉罗伯茨要求修改的《遭遇》。罗伯茨到伦敦寻求建议（他的律师的家在伦敦），律师坚持要进行财务担保。罗伯茨继续要求更多的修改，但乔伊斯拒绝这样做，他后来竟然转向了阿瑟·格里菲斯，因为格里菲斯出版了他的信，但格里菲斯对此只能表示同情，他很清楚罗伯茨喜欢什么。最后，罗伯茨提出让乔伊斯买回校样，更具讽刺意味的是，因为印刷商的再次介入，与理查兹的拉锯战终于结束。因为这次出版商声称，无论如何也不会出版不爱国的作品，乔伊斯只能以失败告终。

　　罗伯茨承认乔伊斯意志的力量，他也明白它的根源，他说："巨人之路与你相比也是柔软的油灰。"（同上书，324页）他对他们关系中的力量对比的估计可能是不真实的,当然也是不正确的,虽然这样,但是北爱尔兰的形象还是颇具深意。罗伯茨和乔伊斯可能在用一定的方式粉饰他们的斗争,既为他人的利益,实际上也为他们自己的利益。尽管如此,他显然与《无独有偶》中阿列内和华林顿之间的关系,以及在后来《尤利西斯》中斯蒂芬·迪达勒斯和迪希的关系,有着惊人的相似之处。这是都柏林天主教反叛知识分子和作家的毫不妥协,与商业意识浓郁的、政治上谨慎的贝尔法斯特新教徒出版商坚毅决心之间的相互冲突。值得注意的是,罗伯茨在多大程度上占了上风,他要求乔伊斯让步,而且乔伊斯也逐渐同意了,可他却羞辱了乔伊斯,实际上在之前或之后都没有人这样做过。迪希虽然是《尤利西斯》中的一个老头,乔伊斯赋予他轻松和强大的决断力,正是由于他具有斯蒂芬明显缺乏的智力优势,他甚至可以近乎恐吓或威胁这个年轻人。罗伯茨的故事告诉了我们这是为什么。

不过,罗伯茨也锻炼了乔伊斯的意志。1914年,理查兹最终出版了《都柏林人》,然而,经过这个令人筋疲力尽和异常艰难的10年,乔伊斯开始意识到他需要转变方向。他也需要一些好的盟友,有一些事情预示着将要来临———一个活力四射的美国人来援助他了。1913年12月,他接触到了以斯拉·庞德(Ezra Pound),这标志着他的生活和职业生涯的一个转折点。庞德已经成为非凡的催化剂、现代艺术的捍卫者、新写作的慷慨支持者,他在20世纪20—30年代是如此重要,并具有非凡的影响力。叶芝曾提到乔伊斯的名字,庞德感兴趣阅读并将有可能出版乔伊斯的一些著作，乔伊斯寄给他《都柏林人》和《青年艺术家的画像》。当庞德阅读乔伊斯的文字时，他就意识到这是伟大的作品，也意识到他读的作品就像詹姆斯或者康拉德的作品一样优秀。从这一刻起，乔伊斯的事业开始扬帆起航，这是理查兹和罗伯茨可能永远都无法做到的。乔伊斯的作品在伦敦和都柏林的出版商那里或者被驳回，或者存在着问题。在理查兹和罗伯茨那里存在的问题，可能是美学的、法律的和商业的，但事实上，往往是敏锐的政治问题。然而，庞德的口号却是相反的"创新！"如果不考虑审美、智力、文化和政治方面的因素，那么实际上，他给乔伊斯提供了机会，直接穿越了扭曲的、给他造成巨大麻烦的历史疙瘩。乔伊斯可以继续写自己国家的道德历史，并以此来服务解放事业，但是通过制度或者征服的权力来达到这样的目的是不可能的。今后，他将在其他的庇护下追求自己的事业。世界将知晓并称之为现代主义。

第十一章

爱尔兰成就了我：
《青年艺术家的画像》

在的里雅斯特生活的几年里,乔伊斯创作了自传体小说,最后定名为《青年艺术家的画像》。他描述到,"当汗水流淌下我的脸颊,流到保护衣领的手帕时,许多《寄宿公寓》和《无独有偶》的寒冷也被记了下来。"(《书信选》,69页)这对于《画像》可能也是对的,它是一个不平凡的思想,我们可能会对它流连忘返。引文生动地概括了乔伊斯对两个环境之间差异的敏锐感受,它表达的不只是此时他的内心和外部世界之间的差异,也有它们相互矛盾的依存关系。不止在一个方面,的里雅斯特的经验帮助他确定是什么造成了他在都柏林沮丧的忧伤。

乔伊斯在离开爱尔兰之前的1904年,已经开始写作自传体小说。对他的成长期做了必要的回顾,这显然是极其有趣的。虽然乔伊斯也创作一篇名为《青年艺术家的画像》的散文,但这个重要的早期版本被称为《英雄斯蒂芬》,后来英雄斯蒂芬发展到巨大规模。乔伊斯在1907年后期开始将它改写为《画像》,到11月29日修订完成了其中一章,即使这样,他也认为它是拙劣和倒退的,他担心自己求助于现代欧洲旧时的技巧会使他看起来迂腐。他继续写作,到1908年4月7日,已经完成了三个章节,然后他停了下来,无疑《都柏林人》还在他的脑海中。他解释说,他担心英国人会因为其中的色情描写而起诉他。

1911年，他仍然在和罗伯茨争吵，在愤怒、绝望和家庭式的表演中，他甚至将未完成的作品扔到火堆里。多亏艾琳救了出来，乔伊斯奖励了她三块肥皂和一双新的连指手套。他只是在和庞德取得了联系后才受到鼓励完成这本书，庞德找了一本新颖的、不同寻常的伦敦刊物《个人主义者》（*Egoist*），使乔伊斯的这些文章得到分期发表，而庞德实际上是该刊物的文学编辑。在乔伊斯离开的里雅斯特前后，这本书的创作已经基本完成。

我们应该怎样写乔伊斯的创作史呢？他可能根本没完成《画像》。他并非注定会成为现代天才，也从不确信能找到出版商出版他的著作。在的里雅斯特的岁月，在确信自己天赋的同时，他也经常被失败的恐惧困扰，对于将来他有很多不同的计划，包括可能完全放弃写作。然而同时，诉说自己的生活故事显然对他非常重要，这能支撑他坚持下去。这种特殊的驱动与利己主义或自我炫耀无关，他需要了解改变他的环境，包括认识到它们如何与众不同，也要认识到在类似的情况下怎样去对抗或改变。这种认识也意味着他要抓住塑造他的历史力量的特性。换句话说，这意味着把握其历史性。乔伊斯对于历史性异常敏锐，人类及其文化在痴迷地构造着模式，以说服自己认同事物的持久相似性。爱尔兰殖民地社会使乔伊斯非常不愿意相信这种模式有任何约束力。他的历史感使他成为其中一个伟大的现代实验者的一部分，这也使他能够写出《尤利西斯》，创作出小说史上最具有历史精确性的小说。

奇怪的、常常使人阴郁的小说《画像》成形于地中海沿岸，它的本质是一种超然的感觉。社会评论家或卫道士有时会误解为超脱，事实上，它更像是活体解剖者的超脱。乔伊斯特别小心地选择"超脱"这个词来宣布他的作品的科学现代性。与解剖学家相同的是，活体解剖者非常熟悉如何切割身体，在身体的结构、部分和功能方面是专家。但是，与解剖学不同的是，活体解剖的对象是一个活的有机体，一个在原则上尚能增长的有机体。在《画像》中，乔伊斯成了自己灵魂的活体解剖者。

《画像》是19世纪欧洲成长小说的最新案例，这类小说关注年轻人的成长和发展。然而，在特殊情况下，被谈论的年轻人成长在欧洲和殖民地两种文化中。在《画像》里，三种个人的发展是危险的：第一，教化本身，就是在殖民地特殊社会阶层的年轻人的"官方"形成。乔伊斯非常清楚地向我们展示了两大帝国主对这一形成应负有多大责任。教化需要在特定机构进行，如家庭、学校、大学和教堂，但它也是一个文化机构的产品，如文学、音乐等。当然，对于乔伊斯来说，教化的关键是语言、话语和思维习惯等语言问题。第二是教化的反面，托马斯·曼（Thomas Mann）挖苦地称其为去教化，即教化形式的瓦解或分离。托马斯·曼自己带着几乎淫荡的喜悦在旁观德国资产阶级心理的崩溃，正如阿申巴赫（Aschenbach）在威尼斯的例子。但乔伊斯的策略是不同的。

对于乔伊斯这位小说家，一个离独立还有10多年的殖民社会的小说家来说,去教化暗示着解构。解构来自反话语(叛逆、反殖民、反教权等)。《画像》用异常的细腻和对反语的非凡认识,来处理教化、去教化和解构之间的关系。在这里,我们将乔伊斯在的里雅斯特的创作,看做一个小说家通过选取精确精致的道路来解决对他来说极其复杂的问题。特别是他痛苦但无奈地意识到,解构的结果在多大程度上能看做是反对现存事物,就是在多大程度上巩固了它。以他年轻的英雄斯蒂芬·迪达勒斯为代价的讽刺,正是如此艰难。

但在《画像》中,对英雄的情感教育是另外一个更加模糊的发展线索。所有伟大的欧洲教育小说,像司汤达的《红与黑》、莱蒙托夫的《时代英雄》、屠格涅夫的《父与子》、本杰明·贡斯当的《阿道夫》,都最终表明了感情培养的至关重要,即使只是英雄死亡,或失败的、负面的、拐弯抹角的、相反的教育。教化的过程和年轻人的成见,往往阻止他承认他的情感需求,结果经常是灾难性的。值得注意的是,斯蒂芬在《画像》中并没有碰到灾难,因为事实上,在年轻的殖民主题的例子里,教化总是微不足道的。但斯蒂芬在自己的形成过程中,总是不知不觉地与它保持距离或疏远它。比起巴扎罗夫或阿道夫,教化的过程没怎么吞没他。然而,乔伊斯在小说的结尾十分清楚地表明,斯蒂芬仍然有很多东西需要学习。

斯蒂芬姓迪达勒斯,迪达勒斯是希腊神话中的发明者、雕塑家和建筑师,因在克诺索斯给人身牛头怪物修建迷宫而闻名,但后来他被囚禁在自己的建筑中。从《画像》起,乔伊斯开始创造文学的迷宫,对爱尔兰的历史、政治和文化问题的关注主宰了他的工作，形成了日益迷宫般的复杂特点。由于乔伊斯一直关注独立的论点，因此他的作品被赋予了动力。在《画像》中，斯蒂芬的特点就是他的独立声明。然而，这种绝不顺从也不断使他自己陷入串通、纠缠和圈套之中。

　　乔伊斯的事业主要是争取自由，但他也处处意识到任何对爱尔兰自由的定义都存在大量问题。在这一点上，他和同时代的所有爱尔兰共和主义者和民族主义主义者明显不同。因此，迷宫中的人物和这类复杂人物的重要性，可能解决，也可能无法解决。在一个迷宫中，受害人在一个看似无尽的裂隙、破裂、分裂的荒原中失去他或她自己。荒原成为令人沮丧的威胁，也大伤士气。寻求通过迷宫的路径是要反复选择的，所有的可能似乎是更好的选择，只能或多或少地迂回到出发点。几乎最终总是在没有把握的选择之间，协商到一条错综复杂的道路，道路不仅导致绝境，也导向其他道路，而这条道路已经知道无处可去。换句话说，迷宫是无所不在的、具有讽刺意味的结构。从《画像》开始的乔伊斯的作品中，它是一个寓言的人物，也是一个政治人物。《画像》是迷宫，说明迷宫制造者是如何制造迷宫的，但与后来的作品相比，这个迷宫被公认是简单的。

　　斯蒂芬的早期活动受当时成功的帕乃尔主义影响很大。帕乃尔在19世纪80年代，当《画像》第一章开始的时候，正在努力反对控制力量以统一爱尔兰，帕乃尔取得了前所未有的成功，其结果是使得爱尔兰天主教中产阶级在社会地位和经济前景上获益明显。《画像》第一章的迪达勒斯家庭被帕乃尔激起的新的自信所鼓舞，乔伊斯谨慎地暗示，在国内这是一个温和的、新兴的富裕或特有的中间阶级的象征。麻烦的是，这个家庭在帕乃尔文化内部也部分地欣赏另外一种文化，这是一种以维多利亚时代的英国为榜样的风度和体面的概念，这从斯蒂芬在克朗高士森林公学的教育上可以明显看出来。乔伊斯提交的对克朗高士森林公学的评论类似于当代民族主义对爱尔兰殖民地教育系统的批评，[1]但他也超越了他们，特别是在强调对教会的纵容方面。

后来帕乃尔风光不再，爱尔兰新的统一体开始分解。在圣诞晚宴现场，将西蒙·迪达勒斯与凯西先生，和他们的对手但丁·里奥丹分开的，是狭长而阴沉的教会的影子。从中乔伊斯汲取了两个教训。首先，在抵抗政权的同时必须抵抗教会和教士的权威。自主和自豪的独立将取决于拒绝两个帝国的主人。其次，重要的是要坚持纪律、沉着和自控的原则。因此，在本章的结尾，斯蒂芬勇敢为正义抗议克朗高士的校长。从微观上看，与芬尼亚主义激情的不妥协态度结合起来，他坚持保持帕乃尔的执拗和深思的价值。然而，斯蒂芬的胜利也充满了矛盾，它实际上表达了他对正义的需要，仍然被起源于维多利亚时代的英国和上流社会的标准完全地决定。

第二章的时间是从1892年到1898年，记叙了斯蒂芬身上维多利亚

---

[1] 引自:《都柏林人·前言》，杰瑞·约翰逊序言和注释，牛津，2000年，序42—43页。

体面传统的缓慢堕落。帕乃尔死亡后，迪达勒斯家庭试图返回到受尊敬的中产阶级生活中，然而能使这种生活成为可能的政治和经济结构业已崩解，体面已成为一个骗局。乔伊斯悄悄地记叙了在自负和荒凉的经济现实之间日益扩大的鸿沟。斯蒂芬通过培养年轻的乔伊斯的知识分子的超脱和蔑视的态度，以适应新形势。像年轻的乔伊斯一样，斯蒂芬这样做是在模仿帕乃尔，但他也受到帕乃尔精神忧郁症的影响，被其困扰，也几乎被之征服。

斯蒂芬开始有了性意识，就像帕乃尔主义，这使他反对教会与国家，特别是反对维多利亚时代英国上流社会的思想体系和天主教的道德。在本章结尾，斯蒂芬去找妓女的情节看起来像是对残暴力量的又一场胜利。但事实上，斯蒂芬性取向的表达处处带有19世纪90年代英裔爱尔兰复兴主义者的印记，如叶芝、乔治·威廉·拉塞尔等。通过一个复兴主义者的惯用手法，如比喻、语法、词汇、场景、声调、语气、色调、情绪，甚至主题，斯蒂芬清楚阐述了自己的认识。最重要的是，他与复兴主义者都坚定地信仰历史虚无主义，这在当时复兴主义者的著作中处处可见，我前面也已经评论过。斯蒂芬试图表达强烈和迫切的个人情感，他转向当时流行的最好的爱尔兰作品寻求帮助，这毫不奇怪，但从某种意义上说，这又是无奈之举。可是他仍然不被主导文化所束缚，他的性兴趣正鼓励他去颠覆它。事实上，自从帕乃尔以来，忧郁症是90年代复兴主义者的一个非常明显的特点，复兴主义为斯蒂芬的自信提供了术语。再次，他的自豪超脱变成了一种他所依靠的形式。

当然，斯蒂芬和复兴主义者之间的鸿沟已非常明显，在性别和阶级上更是如此。复兴主义者很少或根本没有明显的性兴趣，因此在某种程度上斯蒂芬调整其全部行为以适应陌生的思想和感情。同样，在最重要的形式上，20世纪90年代的复兴主义者也是非常保守的特权阶级，他依靠和英国人的联系而兴旺。我们痛苦地意识到，斯蒂芬离许多复兴主义者所描绘的社会世界是多么遥远。同样，无论是斯蒂芬引以为傲的超然态度，还是他的性倾向，都没有走出迷宫的迹象。他们非常受迷宫本身的逻辑所支配，正因为如此，任何实质性的进展都很可能意味着重新被困在迷宫中。第三章也有着相同的逻辑，本章集中关注作为教化工具的爱尔兰天主教。根据斯威沃的观点，乔伊斯之所以密切关注19世纪后期的爱尔兰天主教，事实上是因为乔伊斯怀疑他是否能从中找到任何感兴趣的读者。[1] 在第三章中，第二章建立的复兴主义者的语言，与斯蒂芬的性和情感生活之间的联系被打破了。在同样巨大的、模糊的、贯穿第二章的复兴主义驱使的"厌倦"情绪下，斯蒂芬开始了第三章。但他可以从复兴主义的语言中获得的却很少，因此，乔伊斯悄悄地制订计划以接受诱惑返回教会。

天主教体系和学说提供了一定的舒适，这些舒适绝不是微不足

---

[1] 对于有时听起来具有现代性的批评和它们与《画像》的关系，全面的和详细的解释见我的文章，《在历史中的〈青年艺术家的画像（i）〉》第一节，见《乔伊斯、爱尔兰和英国》，安德鲁·吉布森和伦恩·普拉特编。（准备中）

道的。天主教提供了一个精致的、复杂的、有分量的、累积的思想系统，它拥有形成和解决重要问题的一个精确而精密、从某种意义上说是高科技的工具。这在阿奎纳身上表现得最明显，他的作品对乔伊斯也极其重要。同样不言而喻的是，在英格兰和爱尔兰天主教的传统中，也有媲美那些民族复兴主义者的美好东西。这对于乔伊斯，特别是纽曼都是事实。乔伊斯喜欢纽曼那遁世的、"银色纹理的散文"，（《青年艺术家的画像》，179页）并反复在第三章开始的时候引用它。麻烦的是，19世纪后期爱尔兰天主教教会不是纽曼的，而是大主教保罗·卡伦的。卡伦属于都柏林大主教，他从1852年直到1878年去世时一直任职，并在1867年成为红衣主教。他对爱尔兰教会有一个令人感兴趣的双重影响：一方面，他试图抵抗英国的影响，创建并制度化教会和民族主义之间的某些联系。另一方面，即使在他谴责英国影响的时候，他也不断在按照盎格鲁–撒克逊新教清教戒律以及维多利亚时代英国洁净的方向去改革教会。

  从历史上看，清教道德不是爱尔兰天主教固有的，但最近却主宰了它，部分原因是英国和新教徒的影响。斯蒂芬在第三章中所遇到的正是清教道德，当他在退却而去听阿奈尔神父说教时，他接触到了清教道德。纽曼在地狱和诅咒上的论文极其认真和清醒，相比之下，阿奈尔却是粗鲁和骇人听闻的。他听起来有点像18世纪美国清教徒地狱之火的布道者乔纳森·爱德华兹（Jonathan Edwards）。学者们证明，阿奈尔的很多布道内容都来源于圣依纳爵·罗耀拉（Loyola）

的《灵性操练》（Spiritual Exercises）和17世纪耶稣会乔万尼·皮纳曼提（Giovanni Pinamonti）的《地狱向基督徒打开》（Hell Opened to Christians）。这一点虽然很重要，但不应当欺骗了我们。通俗地说，阿奈尔的语言、修辞和意象属于维多利亚后期的，他们不断地从维多利亚中庸的、商业的流行文化和流行科学中吸取营养。阿奈尔的布道甚至听起来像新教的，毫不奇怪，他的主要议题之一也许是在遥远国度的殖民地教会的胜利。

第一章和第二章以个人的胜利结束，这种胜利在后面的章节开始被质疑。第三章结束时的胜利完全是一个讽刺。恐惧和充满罪恶感的斯蒂芬逃回到了教会的怀抱。第四章开头拥有"复杂虔诚和自我抑制"的貌似深刻的意义。（《青年艺术家的画像》，154页）服从教会带来的秩序、纪律和精密（包括语言的精密），然而，斯蒂芬不安地意识到，它并没有让他"把他的生命融合在其他生命的大潮中"。（同上书，155页）令人难以理解的是，可能加入了神职人员的建议，最终在他的脑海里徘徊。然而在这一点上，他"感到自豪的精神"又反叛了。（同上书，164页）一个"微妙的和敌对的"本能帮助他反对默许，（同上书，164页）他将继续对"社会和宗教的秩序"保持质疑，并开拓出自己的独立命运。"他父亲家的无序、混乱和迷惑"将最终赢得他的灵魂（同上书，165页）。因此，天主教教化让路于反教化，解构跟随在其身后，斯蒂芬发现了他掌握知识的能力，他在内心感受到"一种新的狂野的生活"。（同上书，175页）他甚至了解到使他窒息的教会语言的重要性。(《青年艺术家的画像》，170页）在本章结束时，他解放的感觉达到了高潮，斯蒂芬狂喜地注视着一个站在海水边的女孩，"像一个陌生而美丽的海鸟"。(同上书，175页）最后在这里，他经历了"世俗欢乐"的时刻，欢迎"曾经向他哭喊的生活的到来。"(同上书，176页）

然而在某些方面，斯蒂芬摈弃迂腐守旧的传统的胆量远低于他的想象，但是他再一次用最常用的高级词汇表达了他的顿悟，这些一方面来自天主教对圣母玛利亚的崇拜，另一方面来自复兴主义者和维多利亚后期的若干诗歌。乔伊斯着迷于那个爱鸟的女孩，这与叶芝和乔治·威廉·拉塞尔产生了共鸣。诚然，这里的全部文学篇目，与第二章并不完全相同。这是梦幻般的、赞颂的和狂想的，但它绝非衍生品和二手货，正是解放了自己的行为，使他反落入另一种依赖。此外，他所追求的语言虽然美丽，但与他认为有联系的生活仍保持着一定距离，这有助于解释《画像》和《尤利西斯》的区别。在《尤利西斯》中，生活将会非常世俗，小说将因日常生活而变得厚重，生活被以明显庸俗的语言来表达。

再次，第五章部分是为了纠正，《画像》告诉我们大量关于青年乔伊斯的情绪及其原因，但它的中心主题是我在第四章描述的知识发展。小说结尾通过天主教家族的年轻知识分子的形象，强调了知识分子和爱尔兰现代性的出现。第五章斯蒂芬增加了对宗教的怀疑态度，几乎具有都市风格；此外他还增加了对文学复兴主义的怀疑态度

（如果不是用老调的句子），特别是对爱尔兰神话的吸收，及其致力于"早已逝去的魅力"，而不是"还没有来到这个世界的魅力"。(《青年艺术家的画像》，255页）他同样怀疑目前形式的盖尔复兴主义和民族主义，尤其是因为他们依赖英国人和英裔爱尔兰人思想和情感的模式。最重要的在于，当怀疑语言复兴时，他越来越深刻地意识到，对他来说英语始终是外语，是"一个需要学习的语言"，如果没有"精神的不安"，他就不能用这种语言来交谈或写作。(同上书，194页）这种认识的阴影，将伴随着乔伊斯的其他工作，在这里，英语语言本身沸腾着一个无休无止的骚动。

斯蒂芬在最后一章，奋力向现代的独立而迈进，虽然小有成功，但也有着并非自然而然却不可避免的奉承和同谋。斗争不仅在《画像》中没有完成，而且将变成永无止境，甚至在《画像》中几乎就没有开始。斯蒂芬的独立斗争主要以自身名义进行，它的目标是成为典范。他声称自己拒绝服从，目的是尽可能实现完全的自由，过着无拘无束的生活。(在乔伊斯作品的羁绊中，这种形象正在如雨后春笋般涌现。它富含镇压的历史，其中包括17世纪运往加勒比海殖民地的"活跃于爱尔兰的非法交易"，18世纪的"刑法典"，19世纪爱尔兰的政治犯被运到澳大利亚等。[1] 很明显，斯蒂芬希望爱尔兰自由，他自己代表了一个"种族"，其类型就如同他的朋友达文故事中的农妇，"近乎

---

[1] 见《詹姆斯·乔伊斯》，273页。

全盲的灵魂走向了自我的觉醒"。(《青年艺术家的画像》,186页)因此,(他决心去铸造民族的良心,)这是他的闭幕宣言。

在这里,终于谈到了斯蒂芬·迪达勒斯的情感教育问题,以及乔伊斯对待它的偏见。斯蒂芬经常被认为总体上太过于知识分子化了,冷冷地与普通人保持距离,他需要利奥波德·布鲁姆的补充。但乔伊斯向我们展示,《画像》中的斯蒂芬绝非感情迟钝,然而,他的情感教育是下意识地发生的,连他自己也没有意识到。在可以充分利用他的经验之前,他心中有其他任务要完成。他必须先加强自己,也就是说,他必须变得强大到足以承受自己国家的历史经历。这不难列出一些相关的插曲:疯人院墙壁后面尖叫的尼姑;短暂揭露的林奇的"干瘪的灵魂"(同上书,210页);软弱的混种人的埃伦;带着可怜的上层社会腔调的、侏儒的类人猿苏格兰情人;迅速堕落的斯蒂芬的田径教练弗林;奇怪、贫困的迪达勒斯的孩子一起唱歌到深夜的悲伤场景。但在达文看来,在更大程度上,也许也是上述最重要的,是斯蒂芬简洁的论点——"宵禁的夜晚恐惧而饥饿的爱尔兰村庄,灵魂在恐怖中煎熬"。(同上书,184页)如同记录弹痕累累的建筑里的弹坑,斯蒂芬也记录下被历史破坏的社会痕迹。日常的都柏林生活是被历史和社会决定的,萦绕心头的是哀伤的呼唤,在这里,忧郁是根深蒂固的,没有任何所谓令人陶醉的美景。

第十二章

乔伊斯、爱尔兰和战争

乔伊斯从的里雅斯特前往苏黎世,当他们离开都柏林的时候,他和娜拉已经在那里住过一次。正是在苏黎世,乔伊斯自豪地对娜拉宣布"它仍旧是块处女地"。[1] 然而,如果都柏林和的里雅斯特看起来明显像是乔伊斯的城市,那么苏黎世却不像,这是一个新教的城市,它被"巨大的糖块"所包围(乔伊斯所描述的阿尔卑斯山。《詹姆斯·乔伊斯》修订版,390页)总之,这是一个非常干净的城市,事实上,苏黎世就如现代新加坡一样,精心守护着自己的清洁。当娜拉掉了一些垃圾,警察就让她捡起来。对乔伊斯来说,车站大街看起来是如此干净,如果你在路上掉了食物,你可以直接捡起来吃掉它,它没有沾上四处喷射的脏水。

但是,在乔伊斯1915年抵达时,苏黎世却不像平日那样,虽然瑞士是中立国,但它或多或少被卷入了战争。且不说其他的,苏黎世到处是逃离战争的外国人。为了到达苏黎世,乔伊斯不得不答应奥地利当局不支持战争的另一方,但他自己很高兴这样做。他有可能仍是英籍子民,但称不上一个爱国者。他拒绝了H.G.韦尔斯和福特·马道思·福

---

[1] 这个句子引自T.C.巴纳德:《克伦威尔的爱尔兰:英国在爱尔兰的政府和改革,1649—1660》,牛津,2000年,44页。

苏黎世早期明信片：地平线上有"巨大的糖块"。

特让他搬到英国的建议，还拒绝了英国领事馆预备兵役登记的邀请。有趣的是，他指出该邀请文件发送给他完全是发错了，从一开始，他的表现正如独立的爱尔兰人，对他来说英国战争并不值得关注。

然而，在拒绝接受英国战争与他有关联的同时，乔伊斯也明确支持那时的爱尔兰。他了解在整个战争期间爱尔兰政治事态的基本情况，并一直清楚事态的发展。爱尔兰联邦主义者将大量精力致力于战争，他们倾向于支持帝国的选择。爱尔兰议会党和其他立宪派也支持这场战争，而新芬党却没有，他们坚决反对帝国事业，但战争再一次意味着地方自治的暂缓。最激进的民族主义者，特别是罗杰·凯斯门特（Roger Casement）甚至支持德国，他们之中包括受激进的爱尔兰共和兄弟会影响的爱尔兰志愿者。他们的实力随着战争的推进而增长，幻灭感也逐渐增强。

在爱尔兰没有征兵，爱尔兰反对征兵的想法几乎达成全体一致，英国政府则不敢冒这个险。英国陆军在爱尔兰的招募取决于男子的支持，他们招募了很多人，包括新教徒和天主教徒。但工会会员和保守媒体却一再抱怨爱尔兰人拒绝当志愿者，陆军则努力吸引他们。宣传运动是猛烈的，海报一再声称英国和爱尔兰目的一致。实际上，他们在重申联盟的原则：

> 国际大型比赛
> 英国、爱尔兰和盟友对阵德国、奥地利和盟友
> 你要来参加这个游戏吗？[1]

招聘海报一再将英国和爱尔兰的图案并列，图案上有妖精、竖琴、塔楼和天主教神职人员的皇家军队与王冠。他们避免一起使用绿色和橙色，因为这样做会唤起对新芬党三色旗的记忆。

---

[1] 马多克斯：《娜拉》，69页。

1915 年的英国招聘海报，招聘对象是爱尔兰人。

然而从一开始，乔伊斯清晰地宣布自己实际上是一个被《爱尔兰时代报》轻蔑称呼的民族主义者的逃兵。[1] 实际上，他拒绝了联盟，并和新芬党与爱尔兰劳工运动者持同样的观点，即"'英国战争'不是我们所关注的，但到目前为止，我们却因此无辜地被影响了"。[2]

---

[1] 见马克·提尔尼，保罗·鲍恩和大卫·菲茨帕特里克：《招募海报》，见《爱尔兰和第一次世界大战》，大卫·菲茨帕特里克编，都柏林，1988年，47—58页，特别版，48页。
[2] 《爱尔兰的观点：工党的声音》，1918 年 1 月 26 日，引自菲茨帕特里克：《爱尔兰和第一次世界大战》，81 页。

他特别蔑视宣称皇权代表小国利益的声明，在给他的演员朋友克劳德·赛克斯（Claud Sykes）的明信片中，他抒发了自己的鄙视，讽刺这个过程中的劳埃德·乔治（Lloyd George）。[1] 但是，随着战争的推进，如同爱尔兰的劳工运动，甚至是爱尔兰议会党一样，他不断认同新芬党的观点。在1918年早期更是如此，当时的《兵役条例草案》和可能征兵的预兆使各党派联合起来，反对英国强加给爱尔兰的征兵行动。

各种因素刺激着乔伊斯选择这个方向。他的都柏林老友，一个天主教和民族主义的知识分子，后来和希伊家族联姻的汤姆·凯特尔（Tom Kettle），在索姆河被杀害了。如果他给凯特尔母亲的严肃而富有同情心的信件能说明什么的话，那恰恰说明了乔伊斯明显很关心这件事。在1916年都柏林的复活节，一小派由帕特里克·皮尔斯领导的爱尔兰共和兄弟会，和一群由詹姆斯·康诺利领导的武装社会主义者，接管了都柏林的主要建筑，特别是邮政总局，他们自称是爱尔兰共和国临时政府，这在当时影响很大。在起义中，爱尔兰民族主义和爱尔兰社会主义达成联盟。乔伊斯已经没有时间关注神秘天主教和皮尔斯曾信奉的热血牺牲的狂热，但他一直同情康诺利，并对野蛮镇压感到失望。英国当局迅速镇压了起义，士兵也任意屠杀百姓。更糟的是，乔伊斯的另一个老朋友弗朗西斯·希伊·斯凯菲灵顿（Francis

---

[1] 《爱尔兰的观点：工党的声音》，1918年1月26日，引自菲茨帕特里克：《爱尔兰和第一次世界大战》，81页。

1916年复活节起义后的场景。

Sheehy Skeffington),一个崇尚男女平等主义者和著名的和平主义者,他也娶了一名希伊族女孩,当他试图阻止正在进行的抢劫时,却被逮捕了,然后被一个英国军官(他后来回到英国当了银行经理)命令处死。这起谋杀震惊了爱尔兰民众。

但其中也有一个特别的方面,用埃尔曼话说,乔伊斯发现自己在苏黎世反对的是大英帝国本身。[1] 克劳德·赛克斯想成立一个叫"英

---

[1] 见《乔伊斯书信选》,410页。伯纳德·麦金利指出,1919年巴黎谈判中爱尔兰代表团被忽视,明显与伍德罗·威尔逊所宣称的价值相矛盾。

语演员剧团"，用英语演出戏剧，并将为战争作出贡献。乔伊斯同意加入，一方面是因为他希望剧院上演他的《流亡者》。1916年，首相阿斯奎斯也给予他皇家专款补助，这给了他一些安抚。这意味着，他要偿还债务，"英语演员剧团"的工作将是一种解决的方式，特别是因为剧院上演了很多英裔爱尔兰的戏剧。(乔伊斯确实认为，在英国最好的现代戏剧是属于爱尔兰人的。)在所有的事件中，最令人难以置信的是，他接受了业务经理的工作。

根据协议，业余演员的酬金少于专业演员。业余爱好者卡尔，一个英国退伍军官和领事馆工作者，对此非常气愤。已发生的事情是颇有启示的，当爱尔兰反对战争日益加强时，那时发生的事情就不是巧合了。卡尔曾在战斗中受伤，并在法国被送进监狱。在卡尔面前，乔伊斯毫不掩饰他对英国事业缺乏忠诚。卡尔和之前的朗沃斯一样，扬言要把乔伊斯扔到楼下。乔伊斯显然是一个"受攻击的目标"。(《尤利西斯》，第十五章，4497页)在1918年，一名英国退役士兵，被一个他认为是胆小鬼的爱尔兰人激怒。如果认为他不诉诸种族主义者和个人侮辱，那么这种想法是幼稚的。所有的事件在《尤利西斯》中唤起的都柏林妓院的场景：斯蒂芬·迪达勒斯被一个英国士兵威胁。他在小说中的人物用了卡尔的名字。乔伊斯认真捕捉了英国夜间的街道好战的地道口音："我就拧断你这混蛋笨蛋他妈的气管！"(同上书，4720—4721页)

乔伊斯立即起诉了卡尔，部分原因是卡尔欠他未售出的门票钱，部分是威胁的攻击和诽谤，而代理的英国领事A.柯利达·贝内特（A. Percy Bennett）迅速站在卡尔这一边。乔伊斯可能非常喜欢诉讼，也可能对法律事务思维敏捷。当贝内特已经向赛克斯施压而谋求支持，试图也把压力同样强加给乔伊斯时，乔伊斯向英国在伯尔尼的部长霍勒斯·朗博尔德（Horace Rumbold）爵士投诉，一个英国领事诱惑他犯了"重罪私了"罪（即违背他对奥地利人的诺言。《书信选》，232页）。乔伊斯还没有获得自己试图从暴力侮辱中获得的保护和赔偿，（同上书，第二章，425页）霍勒斯·朗博尔德没有支持他。对于乔伊斯，这不仅仅是一个危险的法律问题，甚至还超过和罗伯茨的斗争，因为与卡尔的争吵是关于自豪和屈辱的问题。因此，事实上，在《尤利西斯》一幕中，乔伊斯不仅让斯蒂芬拥有高傲和华丽的表达，而且故意对卡尔的暴怒反应迟钝。在以往的场合中，乔伊斯和戈加迪、朗沃斯与罗伯茨的个人争吵，与种族、阶级和文化权力问题分不开，同时也和国家地位问题分不开。乔伊斯深知这一点，《尤利西斯》中的故事场景再次使这一点明晰起来。

一旦贝内特支持了卡尔，乔伊斯的行为就不再像一个独立的爱尔兰人，而开始像一个亲德人士。他赞扬了1918年7月的德国进攻，并开始在亲德的《苏黎世邮报》（Zürcher Post）上发表文章，他甚至声称领事馆在监视他。实际上，在战争中他立场的改变，就如同在1914年爱尔兰工党运动中转为激进的民族主义者。这个过程开始时，英国权力的代表明显而无耻地支持英国而非爱尔兰，乔伊斯虔诚地认为这是一个司法问题。在乔伊斯与卡尔对抗的情况下，大不列颠却只认为这是英国的事业。同样值得注意的是，在卡尔事件总算结束后，乔伊斯经过深思熟虑，从《尤利西斯》开始章节的相对的现实主义，转到了后来章节的激进实验。

卡尔事件始终纠缠着乔伊斯，但浮现在他脑海中的是贝内特、霍勒斯·朗博尔德和英国政府，而非卡尔自己。在1919年4月28日的公开信里，乔伊斯声称"剧团"不得不"面对由英国当局在这里传播的诽谤和谗言"。(《书信选》，第二章，439页) 他还声称，贝内特原本想以"军事和政治理由"把他逐出瑞士。(同上书，440页) 领事馆法律和经济上都迫害他。庞德听说英国政府审查官认为《尤利西斯》是用敌人的代码来创作，乔伊斯相信了他的这番话，并认为贝内特应为谣言负责。1920年8月，他认为霍勒斯·朗博尔德与英帝国在爱尔兰的权力一样。他在发给斯坦尼斯劳斯的明信片中用打油诗的形式，对整个事件的象征意义做了总结：

> 古老爱尔兰的骄傲，
> 必须非常地谦卑，
> 如果能发现乔伊斯，
> 在擦霍勒斯·朗博尔德的靴子。[L3, P.16]

乔伊斯在《尤利西斯》的第十二章，把霍勒斯·朗博尔德写成一个刽子手。1921年6月底,他仍然对国外英国力量的代表进行辛辣讽刺。然而到那时,爱尔兰终于快要独立了,霍勒斯·朗博尔德也在撤退中。

第十三章

创作《尤利西斯》

早在1907年，乔伊斯就计划写一部名为《尤利西斯》的短篇故事，虽然除了标题以外，他从未想过更多的内容。(《詹姆斯·乔伊斯》修订版，230页）这个想法第一次的出现可能是在地中海沿岸，但确实是在他离开都柏林的不长时间之后发生的，那时他的全部精力仍然集中在《都柏林人》的世界里。与此同时，这种想法需要多年的地中海生活才能成熟起来，这正好是乔伊斯离开的里雅斯特的时候。与此相应的是，在1915年6月16日，他给斯坦尼斯劳斯的一张明信片上宣布："我在写新小说《尤利西斯》的第一段。"（《书信选》，209页）

当乔伊斯又回到的里雅斯特时，他写完了《尤利西斯》的第十三章和十四章。在巴黎时，完成了最后4个章节，但他是在资产阶级风气浓厚的苏黎世开始写作本书的主要部分。的里雅斯特名声不好，但苏黎世却是可敬的。毫不奇怪，乔伊斯或许正过着一种日益分裂的生活，他在其后的职业生涯中将继续这种生活。从1904年他离开都柏林开始，他就非常小心地保护和培养着一种内心生活，这与外部世界保持着一种宽松的关系。当然，他被的里雅斯特、苏黎世和巴黎的日常生活所吸引，这些地方的生活丰富多彩，充满了人间温暖并且变化多姿。他从中学会了很多，这对他的小说创作非常重要。尽管如此，他的小说仍然与它有着奇怪遥远的距离。不像其他同时代人——菲茨杰拉德、海明威、庞德，乔伊斯没有将自己的小说变成一个流动的盛宴——从一个国家到另一个国家时重新移步换景；相反，他的小说固定在他所离开的爱尔兰。这绝非偶然，对后来的朋友如罗伯特·麦卡蒙来说，他似乎看起来非常迂腐。

乔伊斯在苏黎世生活的两方面完全证明了我的观点。一方面，这对于家庭生活而言是巨变，全家在离开时不得不将所有东西都留在的里雅斯特，包括手稿、文件和书籍。高山气候意味着所有衣服都需要换新的，还有战时食品包括面包和土豆都短缺。乔伊斯和娜拉经历了几场大病，特别是走在大街上时，乔伊斯的眼睛疼痛难忍，以至于他曾经长达20分钟无法动弹；娜拉也开始脱发。但与此同时，善于交际、乐观、嗜酒的乔伊斯，却在苏黎世继续着他在的里雅斯特的生活。他结交了来自世界各地新朋友，如欧特卡罗·魏斯（Ottocaro Weiss）、弗兰克·布德根（Frank Budgen）和鲁道夫·戈尔德施密特（Rudolf Goldschmidt）。在苏黎世的咖啡馆和餐馆，乔伊斯也是一个深夜常客。苏黎世充满了有趣的外籍人士，不仅仅是艺术家和音乐家，乔伊斯结识了其中的许多人，有即将成为声名远扬的达达主义者特里斯唐·查拉（Tristran Tzara，乔伊斯可能没遇到过），也有很快改造世界的革命家弗拉基米尔·列宁（他大概遇到过）。

乔伊斯还设法找时间调了几次情，其中包括住在街对面的女人玛尔特·弗莱希曼。他声称当偷窥到她从厕所站起来的时候，他爱上了她。他也颇为神秘地声称玛尔特最终允许他探索"一个女人身体最热和最冷的地方"。[1] 他的朋友弗兰克·布德根以为没有比"用手指接触"更进一步的了。(《詹姆斯·乔伊斯》修订版,451页)最不光彩的是,乔伊斯问布德根(画家),他是否能带玛尔特去他的公寓,他甚至说服布德根为那一时刻画上一幅大大的、臀部肥硕的裸体画,并在适当的时候展示它。据娜拉说,他还鼓励她"去找其他男人",并说这会给他的写作提供素材。[2]

这一切狂热的人类的混沌状态,似乎与乔伊斯所宣称的僧侣般的奉献和专心相去甚远。在1917年他写道:"关于《尤利西斯》,我写作、思考、写作、思考……整个白天和夜间的一部分都持续着,就如同已经持续了五六年。"(同上书,416页)如果这是准确的,它表明即便没有实际创作《尤利西斯》,但与之相关的精神活动在1911年或1912年就开始了,《尤利西斯》的构思早在的里雅斯特时期就已确定。乔伊斯声明,他并不能将写作和思考、内向冥想和实际写作完全区分开来。但是,我们如何计算他的叙述中所暗示的持续集中的写作强度呢?例如,花了1000个小时写《尤利西斯》第十四章——晚上花时间与玛尔特·弗莱希曼调情,与布德根喝酒,狂热地参与"英语演员剧团"。实际上他所说的曼根也是他自己、爱尔兰及其历史,他自己的

---

[1] 见《书信选》,215页。
[2] 马多克斯:《娜拉》,213页。

生活模式"将他投射进去,其中许多年来悲伤的和明智的那些被挑选了出来。"(《批评和政治作品杂集》,55页)正是这个自我封闭和内部攫取的能力,使乔伊斯具有非凡集中的力量,即使宿醉也没能阻止他写作。在的里雅斯特有11个人的狭小房间里的两张床上,他蜷卧着完成了《尤利西斯》最难的2个章节。在巴黎,他们刚搬来两个月内,在长期混乱的生活中他写了最长一章的6份草稿。最后的章节的一部分是在用手提箱当桌面的扶手椅上写成的。

在此期间,乔伊斯的信件,特别是关于《尤利西斯》的信件,证实了乔伊斯多重的生活。信件可分为四大组:正式或业务类型的信件(例如和庞德的);腻烦的、浪漫的略涉及性话题的信件(例如和玛尔特的);开玩笑的、同志般的信件(例如和布德根这样的男性朋友的);以及那些不寻常的、在一般情况下乔伊斯很少写的私人信件。而在私人信件中,主要是和他的姨妈约瑟芬的通信,她是一个默默无闻的、乔伊斯故事中的女主人公。比较乔伊斯给布德根和给他姨妈的信件,非常有收获,尤其是当《尤利西斯》作为信件主题时(或多或少直接的)。然而非常清楚的是,我们需要开始讨论乔伊斯和荷马的主题。

像塞万提斯在西班牙的黄金时代一样,乔伊斯现在也开始创作伟大的现代国家的喜剧史诗。他知道,新爱尔兰需要他的史诗,他也深知19世纪末和20世纪早期,爱尔兰辩论过这部史诗应采取的形式。他看到由英裔爱尔兰复兴主义者所支配的这些辩论,但爱尔兰复兴主义者关于爱尔兰史诗的概念一般是浪漫而英勇的，深深被一个神秘爱尔兰过去的图像所感染。复兴主义者即使关注了一些乔伊斯认同的爱尔兰文化，也是远远不够的。在他们的爱尔兰史诗的概念中，乔伊斯的民族没有重要作用。另一方面，各种古老的史诗是复兴主义者讨论的主题，尤其是希腊的特色。特别是奥格雷迪将古希腊与爱尔兰联系起来，他不仅把过去的爱尔兰游吟诗人和荷马联系起来，还甚至认为现代爱尔兰的历史也是荷马史诗时代的对应物。

至少从1907年起，乔伊斯也开始对现代版的荷马感兴趣了。（不过，有趣的是，他选择罗马而非希腊的名字作为他小说的标题。）这个现代的版本最终成为《尤利西斯》，对此来说，荷马的《奥德赛》是结构的基础。首先，乔伊斯明确地用自己恶作剧的讽刺类比来对抗复兴主义者荷马的类比。除此之外，他热衷于《尤利西斯》中荷马的类比来宣传他自己的史诗意图。他已经从生活经验——理查兹和罗伯茨制造的困难，以及庞德对其他工作的热情——中成长了。他渐渐认为，在努力实践庞德所谓小说的荷马的平台时应该谨慎行之。因为荷马的平台是《尤利西斯》对其早期读者最具吸引力的一部分，它使他们能够购买一些书，这些书即便不是无法阅读的天书，读起来也相当困难。因为早期的读者确保小说能幸存下来，所以这是非常重要的。

乔伊斯给布德根的信是批评的参考标准，这部分是因为他们现代性地强调《尤利西斯》后面章节的"特别新颖而活跃的风格"。（《书信选》，245页）但他们同时也使荷马式的类比听起来就像这本书的关键。布德根一直是一个水手，乔伊斯明确地感到，《尤利西斯》中荷马材料将使布德根感兴趣，他甚至可能鼓励布德根推销其小说。（事实上，布德根很快发表了最有影响力的、关于乔伊斯和《尤利西斯》早期作品的专著。）约瑟芬姨妈没写过一本书，她是乔伊斯母亲的妹妹，用埃尔曼的话来说，她是一个"聪明伶俐、足智多谋、终生慷慨"的女人。（《詹姆斯·乔伊斯》修订版，20页）她是乔伊斯最喜爱的姨妈，乔伊斯将她看做"德兰康德拉智慧的女人"（同上书，213页），他信赖她，而且她还是《尤利西斯》中爱尔兰素材的一个重要来源，他不断缠着她获取信息、报纸、杂志和书籍。

在撰写小说的过程中，他给姨妈写信贪婪地索要精确的细节；毫无疑问，大部分他都使用了。她告诉他是否能从海边看到"海洋之星"的教堂？在教堂旁边里希的梯田里有没有阶梯可以顺着走下去？在梯田里是否有树木？翻越埃克尔斯街七个栏杆，低下身来到另一边，一个普通人是否能够做到？他还想要不大精确的细节——从大众媒体获得的八卦、谣言、故事。她能给他有关鲍威尔和狄龙的八卦吗？他希望可以从她那里得到所有信息，就连霍利斯街上妇产医院的闲话和事实也行。她能送给他中篇小说集吗？或者一便士的赞美诗集、从报摊得到的公报或警方的消息、一份雷诺兹或李劳德的新闻周刊，或者《世界新闻报》吗？

这些有时混淆了学术的要求，这些信息主要出自乔伊斯的需要，以便把一些细小的常见细节，融入广阔的新现代拼图游戏中。其实，他们讲的或是爱情，或是痴迷，或两者都有。他是否完全意识到，他是在外国的土地上重复圣高隆（Columcille）的"向往思想"的习惯。乔伊斯给约瑟芬姨妈写信的语气并不总是很友好，但保持着一个普通家庭亲密关系的基调。在乔伊斯所有关于都柏林的询问中，亲密分享着一个小世界，这点是明确的。诚然，他告诉约瑟芬姨妈，要想了解《尤利西斯》，她需要先读《奥德赛》。即使是他最喜欢的姨妈也不能幸免地被他安排在史诗的一节中，但他听说了姨妈患了重病之后，他最后写给她的信，是他几封真正可爱的信件之一。乔伊斯执著于语言，这通常由智力和政治推动，他说他姨妈患病的消息，只是让他太震惊以至于无话可说。然而，他写下了他的感激、亲情和尊重，直到最后，他仍然强调他和约瑟芬姨妈的共同点：无数的回忆、丰富的世俗的爱尔兰知识。他与布德根共享《尤利西斯》的素材，与他的约瑟芬姨妈分享了主题。

第十四章

民族史诗

乔伊斯完成《画像》后立刻开始写作《尤利西斯》。这加深了他职业生涯中一个持久的奥秘,他是如何从一个作品转到另外一个作品的呢?这两部小说都表现了高超精湛的技艺,但他们以完全不同的模式写作,结尾也差距甚大。《画像》的主导基调是活体解剖者冷静而智慧的超脱,以及接近痛苦的忧郁之间细心的平衡。相比之下,《尤利西斯》是一部漫画小说,他充满了抑制不住的笑声,这笑声不断地发出讽刺的、哲学的、政治的、亵渎的、变形的、人道和不人道的、富有同情心和冷酷的、肮脏和极度肮脏的嘲笑,很多东西都包含在其中。在一时的灵感感知下,叶芝这样形容乔伊斯:他有"一个以他人之苦为乐的俏皮的才智,就像是一只巨大而温和的虎猫"。[1]《尤利西斯》大部分的幽默显然是这样一个思想的产物。就像莎士比亚作品里的小精灵普克一样,迷宫的制造商到处挑逗和压迫他的读者,与他们玩耍,并误导、分散、迷惑和困扰他们。乔治·梅瑞迪斯对《尤利西斯》至关重要的评价是,读者必须为"已做的事"承担"巨大的债"。(《尤利西斯》,第九章,550—551页)诚如菲利普·苏波(Philippe Soupault)所说,乔伊斯想从他的读者那里索取"与自己的付出相匹

---

[1] 《给奥利维亚·莎士比亚的信件》,见德明:《批评的传统》,卷一,284页。

配的努力"。(《流亡艺术家的肖像》,117页)因此,阅读成为一种赎罪,被紧密编织进小说阴郁的历史的赎罪,如果小说没有它将不可想象。

最后,乔伊斯从《都柏林人》和《画像》的寂静世界,过渡到《尤利西斯》和《芬尼根的守灵夜》的欢快喜剧,这不能归咎于外部因素。无论乔伊斯在1915年有多么顺利,他从的里雅斯特搬到苏黎世,绝对可以说是搬到了更温暖和欢乐的环境中。这种转变在乔伊斯的作品中体现为一个纯粹沉思的、内部的及审美的逻辑。当然,这种转变基本上是可以追溯的,不是从乔伊斯的生活状况中,而是他的作品本身里。乔伊斯使《尤利西斯》的中心人物斯蒂芬·迪达勒斯的形象贯穿在前三章的始终,他还加深了斯蒂芬的忧郁。在《尤利西斯》的开篇,斯蒂芬·迪达勒斯迷恋历史,但他早前却并非这样。首先正在谈论中的历史是爱尔兰历史,虽然其他历史也被吸引进谈论的轨道中,这是通过已经长期建立的爱尔兰的类推方式来思索历史和政治的。苏波认为,乔伊斯经历了"丰饶的苦难"的记忆。(同上书,112页)当然,历史甩掉了斯蒂芬如疟疾般的想象力,他用最精致的美丽语言,开始了断断续续的狂乱袭击。但这只能减轻却不能消除令他困扰的权力,相比之下,穆里根为历史健忘症的原因进行辩护。("看看大海,他在乎什么冒犯吗?"《尤利西斯》,第二章,231页)英国人海恩斯提供了一份对历史罪责的苍白的正式声明,同时浪漫地对爱尔兰凯尔特文化充满好奇。迪希赞扬北爱尔兰新教必胜的叙事,并津津乐道于可能出现的、颇有前途的崭新转折。这是不足为奇的,与这三个人相比,斯蒂芬似乎郁闷而冷漠,或者是乔伊斯给他穿上了"便宜的布满灰尘的丧服"。(《尤利西斯》,第一章,570—571页)

斯蒂芬毫无惰性地向历史力量投降,正如他自己所说,如果历史是一场噩梦,那也是他正试图唤醒的噩梦。乔伊斯帮助并鼓励他,在《画像》结束时,他开始解放斯蒂芬,他的经验被记录为一系列毫无联系的日记条目。他通过诉诸所谓的"意识流"技术(这实际上往往使意识颤动超过流动),这有分裂和分散我们对斯蒂芬性格印象的作用,使其看起来具有很多可能性。斯蒂芬本人将历史沉思为"从可能而来的现实"。(《尤利西斯》,第二章,67页)但是,尽管亚里士多德是他观点的依据,但斯蒂芬的深奥却部分地露出了马脚。乔伊斯是不屈不挠的,他说,"斯蒂芬是不能改变的"。(《詹姆斯·乔伊斯》修订版,459页)斯蒂芬与他噩梦的斗争必将徒劳而返,事实上,历史现实是被"带上镣铐和打上印记的,暂住在他们被剥夺了无限可能性的房间里,他们并不被认为已经消失了"。(《尤利西斯》,第二章,49—51页)

然而,在这一点上,乔伊斯在《尤利西斯》第三章后设计了一个根本性的转变。事实上,在他的整个思想中(乔伊斯的艺术就是一种思想形式),加入了谦逊和含蓄的利奥波德·布鲁姆(Leopold Bloom)的形象。布鲁姆是一个广告推销员,他的父亲是犹太人,母亲是爱尔兰人,因此,他自己不是纯正的犹太人,虽然其他人总是这样认为。正是在1904年6月16日，他的经验和"意识流"占据了未来五章的大部分篇幅，虽然在《尤利西斯》后八章中发生了其他事情，但在现实的日常生活层面上，布鲁姆仍然是中心人物，他是读者心中的阿里阿德涅之线。没有人能唤起一个普通人生活的复杂性，它基本上是开朗的、理智的、变通的、有缺陷的、普通城市居民的思想，而且比乔伊斯在布鲁姆身上体现的更好。

这里需要强调几个特点。首先，无论1904年6月16日对乔伊斯个人而言意味着什么，它对布鲁姆明显是重要的，因为正是这一天他的妻子第一次出轨了。（批评家们对此意见不一，但几乎是可以肯定的事实。）布鲁姆知道会发生通奸，他甚至或多或少准确地知道什么时候发生，以及此事会威胁并动摇他的心理平衡。《尤利西斯》描述了一个复杂的过程，其中这种平衡是被修复和修好的，但却总是岌岌可危。那么，小说的真正核心就是如何与背叛妥协。乔伊斯被个人、历史和政治方面的背叛纠缠。在沮丧的时刻，他甚至倾向于认为，爱尔兰就是一个叛徒的国家，其历史充满了背叛，其政治事业也屡遭一个又一个叛徒的破坏。一次又一次，他不断地思索着这种罪恶，这在殖民爱尔兰的病理学上起源于迪沃格拉（Devorgilla）的通奸。乔伊斯并不是一个十分成熟的寓言学家，事实上，就爱尔兰文化的健康而言，他在内心深处并不认为太多的寓意有什么重要性。他虽然不承认寓言思维，但因为他深受但丁影响，正如他过去深受天主教思想传统影响，寓言又是他继承的一部分，所以他并不希望这种继承消失。他寓言般的思考常常以深刻而微妙的方式进行。他深谙创作一部现代小说的含义，这部小说的内容或有关一个陌生人获准进入一个爱尔兰人的房子，或有关一个现代爱尔兰人接受背叛的必要，他甚至可能把莫莉·布鲁姆视为开始于迪沃格拉的（他认为）插曲的结束。

重要的是要认识到，对于乔伊斯来说，布鲁姆是一个现代爱尔兰人。往好了说，整个小说中的都柏林男人是最狭隘的和感觉迟钝的；往坏了说，则是最坏最坦率的反犹太主义者，他们都称布鲁姆为犹太人，而不是爱尔兰人。但布鲁姆并不是现代欧洲犹太人中那令人不安的复国者中的一员，虽然他对犹太复国主义很感兴趣；他已被相当彻底地同化了，被给予了一个当地的具体（都柏林犹太人）身份。很多时候，布鲁姆的犹太信仰、习俗和惯例知识是朦胧和不可靠的。当被问及他的国籍，他坚定地声称自己是爱尔兰人，这对乔伊斯至关重要。无论乔伊斯怎么样同情阿瑟·格里菲斯和新芬党，而且在一个更有限的范围内，他也同情D. P. 莫兰和《领导者》，但他坚决反对灾难性的、狭隘的爱尔兰国籍的概念。他知道，从倒退到偏执，是殖民地爱尔兰历史的、一个合乎逻辑的结果，尤其是其种族主义的思想习惯可以至少追溯到英国都铎王朝的侵略者。但他也知道，爱尔兰如果要从其历史中真正地解放出来，必须摆脱这样的后果。乔伊斯实际上通过布鲁姆来诉说，布鲁姆向我们展示了爱尔兰的现代性可能意味着什么。他还向我们指出，要想真正取得现代性，爱尔兰还有很长的路要走。

20 世纪初都柏林的一个犹太家庭。

布鲁姆的性格也揭示出乔伊斯思想缺乏爱尔兰文化，他是乔伊斯笔下现代爱尔兰人的范例，也代表爱尔兰需要转变的一个方向。乔伊斯通过他普通的、缺乏想象力的中心人物，介绍了爱尔兰的未来形象。布鲁姆甚至是一种乌托邦式的人物，乔伊斯稳固地把他放在本属于他的位置上——他属于都柏林天主教徒。布鲁姆大部分时间花在这个社区，在他心中这比都柏林犹太人社区更重要。布鲁姆有自己温和而独特的方式，其政见在天主教社会的政治观点中也是最明显的：亲帕乃尔主义、反帝国主义、同情民族主义。但同时，他是一个非犹太族的爱尔兰犹太人，已经同时接受了新教和天主教的洗礼。

当被问及为什么是布鲁姆时,乔伊斯回答说只有一个外国人才能做到。布鲁姆对两个帝国主人塑造的都柏林文化,既熟悉又陌生。他最了解的是文化,但他对它既没有感动和亲切,也没有与它同谋,这种文化从历史的灾难和对征服者的深刻敌意中来。这意味着布鲁姆可以作为一个用于批判的、极其细微和灵活的工具。对于布鲁姆,殖民结构是一个困惑的来源,一般的惊喜、娱乐或只是冷漠。他对它们的观点从遥远的距离多次折射出来,所以他和他的天主教熟人很亲密,同时也很疏远。作为一个犹太人,布鲁姆从一个他所知道的压迫、苦难和灾难的民族而来,然而与乔伊斯《都柏林人》不同的是,不像斯蒂芬,当历史忧伤的思想威胁并要征服他时,他迅速做出了反击:"早起嘴臭,形象恶劣。起床的时候下错了边儿。桑多健身操还是得做,从头再来,从双手向下开始。"(《尤利西斯》,第四章,233—234页)通过布鲁姆,乔伊斯部分认同天主教会团体的利益,但他也指出其政治和文化抱负的局限性,以及对追溯令人窒息的沉迷。在这样做时,他发展了一个自己的、复杂而集成的政治。

乔伊斯通过布鲁姆把都柏林翻了个底朝天,使其既熟悉又陌生。他用布鲁姆来展示一些约束,这是殖民地的爱尔兰文化强加到他的作品人物和都柏林人的独立发展之上的。然而,设置完这个过程后,乔伊斯似乎越来越认为他必须怀疑它。布鲁姆是一个只受过普通教育的男人,他对殖民地爱尔兰的结构和体制的经验都很有限,而且对爱尔兰天主教的知识也很有限。正是这些局限性反而使他成为反对教会和国家的有利武器，但同时也限制了他反对的范围。乔伊斯必须开辟第二条战线，用最一般的词汇来说，这条战线就是语言。在《画像》中，斯蒂芬曾描述他的灵魂因英语的阴影而苦恼。但是，它只是从《尤利西斯》第九章开始，争取自由的斗争也清晰地成为一个严肃的语言斗争，只是第七章是例外。

小说第二部分的显著风格是所谓现代派的精心杰作，吸引了大部分人的关注。事实上，这是乔伊斯从他与英格兰和罗马的斗争，以及他们对他的国家长久统治历史中得出来的。他通常选择当代的英语、英裔爱尔兰语或口头结构作为一种风格的基础。他可能把这种话语与其他形式的，例如天主教的结合在一起，然后"处理"它（或它们）。因此，每章倾向于一组艺术实践的、东拉西扯的复杂体。这些实践明显是不同的，其中最明显的是滑稽的模仿。然而在大部分时间，乔伊斯不只是模仿熟悉的话语以嘲笑他们，他还以英文写作的形式或天主教的形式，如教义问答等来曲解他们或者顽皮地捉弄他们。乔伊斯总是曲解他们，以至于结尾都不是他们自己的。他回复他们或者超越他们。《尤利西斯》的样式，通常被看做是从抽象的概念兴起的伟大的现代主义成就，事实上，他们更像格外灿烂的涂鸦标本。从一定程度上说，在《尤利西斯》第二部分里即将过期的巨大而沉闷的旧纪念碑上是乱涂乱抹。

上述情况在第十章中是不明确的，虽然第十章继续了从第九章开始的正式的语言突破过程。第十章提供了一个纲要，它采用斯蒂芬所称呼的"环顾四周",(他在引用帕乃尔。《尤利西斯》,第十章,827页)就是要扫描都柏林城市本身,尤其是在特定的一天时间里。斯蒂芬暂停在献身爱尔兰艺术的这一重大决定的门槛上,因此在开始创作第二部分的政治和审美事业之前,小说本身也暂停在现场调查的场景上。然而从第十一章起,当情节向前发展时,它也经常被从乔伊斯的字母堆砌中挖掘出来。若把第十一章本身说成是音乐风格,倒不如称之为准音乐,乔伊斯使用音乐的概念,歪曲甚至残酷地对待英语,使其弯曲而丧失真实。[1] 这样做有一点特别危险,英裔爱尔兰复兴主义者梦想着英语和隐约代表爱尔兰基本精神的"终极和解"。[2] 乔伊斯没有这种虚假的联合,他坚持并加强了我们对嘈杂的、一塌糊涂的、不和谐音的意识。只有英语自身付出代价,音乐才会与之和谐共舞。

接下来的六个章节有类似的写作方式。第十二章以复古主义史学作为基础。第十三章将感伤的、对19世纪晚期爱尔兰天主教圣母玛利亚的崇拜,连同伦敦大众媒体对性别的处理合在一起。(女性杂志在本章的前半部分,低俗中庸的英文报纸在后半部分。)第十四章主要内容是维多利亚和爱德华的英语散文选集。本章通过这些处理,还打击

---

[1] 进一步的阐释,见《乔伊斯的复仇》,牛津,2002年,103—107页。
[2] 见《诗与歌:1800—1890》,见谢默思·迪恩,带有安德鲁·卡朋特和乔纳森·威廉姆斯的《爱尔兰精品选集》,二卷,凯里,1991年,1—9页。

了文学史中的"辉格形象",这使得英国文学成为一个从国王阿尔弗雷德(Alfred)一直到吉普林(Kipling)的、单一完整并由种族决定的历史。第十五章关于"无意识",严格来说,它比什么都重要,是关于都柏林和埋藏在每一个都柏林人头脑中英国人习惯的无意识,在这里主要的参考点是讲话而不是写作。第十六章关注"正确的英语"的观念,这种思想的进步在维多利亚和爱德华时期加速发展,尤其对边缘的或被剥夺权力的群体(殖民地民族、爱尔兰人、苏格兰人、威尔士人和康沃尔人、伦敦人、外省人等)的偏见。乔伊斯在第十六章,用公然的不得体创造了伟大的艺术,把一些华丽和巧妙的纰漏、谬误、错误组织在一起。第十七章的基础是"帝国科学",在19世纪末,英国以先进而高级的科学,来维护英国的商业地位以及它的帝国。

如果把乔伊斯《尤利西斯》第二部分的语言实践概括为一个词,那就是杂糅。(这当然正好符合他的真实生活题材。)他处处引用两位主子的话语,兴高采烈地污染并破坏它们,他注入了他们希望排除的人,特别是普通的爱尔兰人(相对于叶芝浪漫的类型)。殖民文化是"杂糅"文化,这是当代的观点,乔伊斯当然清楚地知道爱尔兰文化无可挽回的混杂和不纯,但他的艺术不止被动地记叙这个事实,他以非常强有力的姿态,抓住了杂糅性并支配了它。不管乔伊斯有时怎样批评爱尔兰,他总是坚信征服爱尔兰的权力是多么的"下流"。(《批评和政治作品杂集》,75页)所以仅仅关注杂糅的事实是不够的,去痛斥它甚至更加不够。乔伊斯更愿意试图扭转殖民政权的航向。几个世纪以来，他做了入侵者对爱尔兰所做的事，他否认他的自主性并玷污他的纯洁性。杂糅是工作的一种形式，乔伊斯在开展的过程中，用他的艺术去做那些帝国的主人用权力所排除的事。

因此，《尤利西斯》成为了民族史诗，小说包含爱尔兰的历史意识，但其复杂的颠覆性也对时代贡献很大，历史意识和当代作品是密切相关的。乔伊斯知道他在等待将要走向独立的爱尔兰。原则上说，《尤利西斯》是被解放民族的伟大新文化作品，但它自己提供的解放是充满矛盾的、遮遮掩掩的和妥协让步的。这样一个自由的爱尔兰，不能从纠缠它的巨大历史阴影中很快地或相当自由地解放出来。此外，只有恰当地确认殖民地的历史，乔伊斯复杂的工作才能取得矛盾的胜利。讽刺是《尤利西斯》的中心，乔伊斯很好地支配了它，这意味着作为民族史诗，《尤利西斯》必须且只能是滑稽的。斯蒂芬自己知道，他不仅必须学会在他的头脑里"杀死祭司和国王"，（《尤利西斯》，第十五章，4436—4437页）而且他必须笑着"从他的头脑的束缚中解放出他的思想"。（同上书，第九章，1016页）

面对毋庸置疑的、有时凶猛的侵略，《尤利西斯》大部分是顺从、接受和将就的，这些都出现在最后一章，这章完全由莫莉·布鲁姆的想法构成，那是在6月17日上午早些时候，当她躺在床上时。乔伊斯说，用"是"这个词作为小说的结束，也标志着"所有抵抗的结束"。（《詹姆斯·乔伊斯》修订版，712页）在这一章，乔伊斯表达了两种意思，一是抵抗的目的，就是挑战、颠覆、推翻，甚至转变他所抵抗的权力；二是过程的结论，就是与权力相调和。这肯定不是巧合，1921年他住在爱尔兰的时候写了最后一章，这一年进行了《英爱条约》的谈判，以及爱尔兰共和军与英国军队之间的休战。停战协定签署于7月7日，大概发生在乔伊斯设计莫莉章节的时候。

当他将最后一章给了一个女人时，乔伊斯知道他在做什么。爱尔兰妇女的观点——爱尔兰妇女的文化——既没有在《尤利西斯》中缺席，也没有退居第二位。二等阶级的地位反映了在小说发生地都柏林妇女的位置，然而，乔伊斯通过莫莉推翻了这个层次关系。他非常理解爱尔兰妇女和爱尔兰的关系，就如同爱尔兰这么长时间以来和英格兰的关系。如果权力结构的一方随着其独立而消失，那另一方也会消失。在创作于1921年的爱尔兰史诗中，女人终于脱颖而出并占有了权力，其意义重大。然而，这也是这个特殊女人的态度，莫莉挖苦伴随着她在直布罗陀长大的英帝国的军国主义，但她也同样对爱尔兰天主教和民族主义的阳刚之气严厉指责，不仅仅是因为他们对灾难性暴力的爱好，事实上，即使在她声称坚决反对英国帝国主义的时候，她也深知爱尔兰在多大程度上反映了英国人的好斗；与此相反，她对于自己的矛盾并未感到闹心。她被英国人"在商店开火而产生的该死的震耳枪声"激怒了，(《尤利西斯》，第十八章，679—680页) 但她也将爱尔兰情人克拉达的戒指给了一个英国士兵。事实

阿瑟·格里菲斯在1921年进入唐宁街进行《英爱条约》谈判。

上,乔伊斯是在通过莫莉来坚持一个不严格的、反帝国主义的价值标准,这并没有自动地和深深地建立在对民族主义者正统信仰的坚决忠诚之上。

第十五章

乔伊斯在巴黎

乔伊斯在1920年第二次离开了的里雅斯特，并于7月8日抵达巴黎。重要的是要注意到，他原来根本就不打算在巴黎定居，巴黎只是他去伦敦的中转站。而1920年在伦敦的生活对他意义重大。庞德策划出版《画像》后，还安排《尤利西斯》在一个芝加哥和纽约的前卫杂志《小评论》（Little Review）上连载，（虽然他对自己所命名的乔伊斯的"美感痴迷"的第一个明显迹象，有点担心。《詹姆斯·乔伊斯》修订版，442页）他设法让乔伊斯在伦敦引起很大的轰动，从威尔士到T.S艾略特、凯瑟琳·曼斯菲尔德和弗吉尼亚·伍尔芙，都对他很感兴趣。

哈里特·肖·韦弗（Harriet Shaw Weaver）当时也在伦敦，她是一个非常体面而沉默寡言的英国女人，其地位被人真诚而谦卑地羡慕着。她有上流社会的背景，性格稳重，但也不乏独立和冒险的倾向（女权主义、共产主义、前卫的支持者）。她当了在1914年改名为《个人主义者》的刊物主编。《画像》在纽约首次出版后，她在1917年出版了英语版全本，她还找到一个伦敦印刷商打印《个人主义者》，其中包括《尤利西斯》的一些片段。她富有而且常常将钱花在有益的事情上，幸运的是，乔伊斯成为她决定赞助者中的一员。到1917年，乔伊斯在经济上已经非常依赖她，她在乔伊斯的余生继续支持他，甚至后来还支付了乔伊斯的葬礼费。

伦敦可能对乔伊斯感兴趣，但并非一直热情，有时甚至不甚友好。庞德自己看到乔伊斯的艺术超过他之前的爱尔兰同胞的水平，在现代欧洲取得了举世瞩目的成就。但是英国和英裔爱尔兰的评论者往往对乔伊斯有很多不同看法，他们更倾向于从三个相关的主题来阅读：阶级、种族和性别或淫秽。乔伊斯的著作是不洁的、肮脏的、粗俗的、令人不快的和毫无礼貌的，这毫不奇怪。因为乔伊斯是爱尔兰人，是顽固不化的爱尔兰人，这正是他的主题所关注的。弗吉尼亚·伍尔芙认为他没有教养；另一些人声称，乔伊斯正试图削弱这个语言，并正针对着英国传统的核心；阿尔弗雷德·诺伊斯以为他在蔑视"一些在我们的文学史中最高贵的价值"；S.P.B.梅尔斯指责乔伊斯作品中的布尔什维主义；正如我们前面看到的，最具说服力的是肖恩·莱斯利所宣称的："《尤利西斯》是针对英国文学制度的芬尼亚主义的攻击。"[1]

这就是乔伊斯选择巴黎而不是伦敦的原因，但部分原因还是由于庞德。庞德自己也正在将事业转移到巴黎，他已经对伦敦绝望，并帮助乔伊斯在帕西找到了一间小三居的公寓。第16区并不是产生佳作的好地方，但乔伊斯曾自夸道："巴尔扎克在喝了大量咖啡后成就了《人间喜剧》，不久后我也会大放光彩。"乔伊斯一家在帕西并没有停留很长时间，他们数次搬家。虽然他们住在巴黎长达20年，但并没有完

---

[1] 见德明：《批评的传统》，一卷，191页，211页，275页。

1923年乔伊斯和庞德、福特·马道斯·福特（Ford Madox Ford）和约翰·奎因（John Quinn）回到巴黎。

全在那里定居。用路易·格莱特的话说，"乔伊斯继续在帕西和格罗斯·采以娄、蒙帕纳斯和格勒纳勒之间徘徊，不算恶作剧和缺失，信件毫无征兆地表明他在伦敦、福克斯通、巴塞尔、哥本哈根"。（《流亡艺术家的肖像》，167页）然而，如果传说曾将乔伊斯与左岸玩世不恭的作风相联系，那么事实上，他和娜拉越来越热衷某种程度的资产阶级的体面和舒适。巴黎的朋友和熟人，往往认为他是一个有点保守和古板的人物。

巴黎对乔伊斯很友好，在那里他遇见了西尔维亚·碧斯（Sylvia Beach），莎士比亚书店和迪皮特朗公司的拥有者。当没有正规出版商愿意冒险出版《尤利西斯》时，她却出版了。她一直是乔伊斯最重要的靠山之一，这种支持一直延续到1931年她因商业和金钱问题而失败时。西尔维亚·碧斯还给乔伊斯介绍了瓦勒里·拉巴德（Valéry Larbaud），拉巴德是英国文学在法国的最重要倡导者之一，他读过几次《小评论》后，就宣称自己对《尤利西斯》"完全疯狂"了，（《詹姆斯·乔伊斯》修订版，499页）觉得法国大众必须读到这本书，《尤利西斯》一旦完成，他就会举办一次公开讲座。拉巴德是一个颇具文艺气质的人，他立刻支持曾自称为现代拉伯雷的乔伊斯，但他也敏锐地意识到时代的氛围。与拉伯雷类比可能不是推销《尤利西斯》的最佳办法，拉巴德的谈话将乔伊斯与爱因斯坦、弗洛伊德联系起来，他宣布，解读《尤利西斯》的关键是《奥德赛》，并强调作品结构和主人公犹太人身份的异常复杂的特点。现代派《尤利西斯》诞生了，这完全不同于让诺伊斯和梅斯愤怒的《尤利西斯》。

宣传策略是非常重要的，乔伊斯知道，他在英语世界产生影响的其中一种方式就是通过法国的批评。拉巴德是绝对正确的，在战后互不信任的古老传统和渴望创新的社会氛围下，人们想要的是现代主义的《尤利西斯》。20世纪20年代的巴黎不仅是前卫艺术家和知识分子的城市，它也吸引了来自世界各地的不同人群。乔伊斯认识了海明威和迪朱纳·巴恩斯，T.S.艾略特和温德姆·刘易斯也来看望他。乔伊斯这位曾创作《尤利西斯》并对许多传统提出挑战的人，很快开始写作《芬尼根的守灵夜》，这本书挑战了更多的传统。他成为一个杰出者、北极星和标志性人物，仰慕者们纷至沓来，敲着门，爬上椅子，只为能够看他一眼。

乔伊斯非常清楚，他可以把公众的狂热变成自己的优势，和理查兹和罗伯茨之间的纠葛使他更加刚毅。自从经历了苏黎世的生活以后，他已变得更加精明，不仅知道如何宣传自己的作品，而且知道宣传的地点和对象。埃里克·布尔森最近表示，早在1917年乔伊斯就曾幕后操纵过那些在的里雅斯特评论他第一篇文章的人。他还要求哈里特·肖·韦弗征求来自意大利报纸和杂志的评论，他告诉她说，"我会自己做到这一切，但很难自己推动自己的作品"。[1] 最好鼓励他的自愿支持者们来推动，如赫伯特·戈尔曼、斯图尔特·吉尔伯特等，乔伊斯逐渐招募越来越多的朋友和同事加入他的创作事业。不过，虽然他们评论乔伊斯或他的著作，但他们的作用更像公关团队，而非翻译者或追随者。不可否认的事实是，他们总是变化的、并非完全可靠的。

正如伯纳德·麦克金尼（Bernard McGinley）所指出的，如果乔伊斯"致力于他的作品，他知道促销他的作品的多重真理和多个自

---

[1] 埃里克·布尔逊：《乔伊斯在的里亚斯特的接受：乔伊斯的影子》，见里尔诺德和范·米尔诺：《接受》，二卷，11—19页，314页。

我的价值"。[1] 据他的朋友苏波说，他"非常高兴"其他人努力地解读他，尤其是当解读者离目标最远时。(《流亡艺术家的肖像》，115页)通过他后来主导的有关《芬尼根的守灵夜》的论文集《对〈正在进行的工作〉事实虚化上正道的审核》(*Our Exagmination round His Factification for Incamination of Work in Progress*)，可以清晰看到他戏弄注释者的方式。他身后站着他的"十二个元帅"，他告诉他们"要遵循什么样的研究"，(《詹姆斯·乔伊斯》修订版，613页) 而且"元帅们"最好发表不同的观点。两封轻松愉快的"抗议信"所包含的内容，准确表现了他对于所推进项目的态度是多么的严肃。乔伊斯对历史进程有敏锐的认识，他深知哪一种支持对他是最好的宣传，他也深知其历史的偶然性，注释对于作品的推动是至关重要的。乔伊斯小心地引导着他人的评述，但他的目标不是为了子孙后代正确认识事物，他更多关注的是确保后人应该阅读他的作品，这意味着能将其作品融入现代欧洲的文学舞台。

现代欧洲几乎没有准备好接受一个极为复杂和微妙的爱尔兰版本，在其历史和殖民地的痛苦、其当前和未来的希望方面，都很少能窥见爱尔兰知识和学问的影子。像乔伊斯这样的思维框架，几十年都没有出现过。即使在今天，尽管思想的转变体现在"后殖民研究"中，但这种感受性最多也是断断续续的。然而，了解乔伊斯巴黎岁月

---

[1] 伯纳德·麦金莱：《乔伊斯的生活：传记鬼的善用和滥用》，伦敦，1996年，3页。

的人往往反复强调他两个方面的事情。首先，有单一性的目的，为增加名气而进行的热情奉献并没有减少。第二，有尼诺·弗兰克所称的乔伊斯极端的"精神隐私"（《流亡艺术家的肖像》，78页）苏波说，无法想象乔伊斯的"永恒的奴役"背后是什么样的一些人，往往被误以为是遥远的利己主义。（同上书，8—9页）但有些人完全理解它，弗兰克就是其中之一，"乔伊斯的个性原则是他根植于某个地方"。（同上书，79页）他被一个"坚不可摧的"纽带所滋养，"这片土地是他的艺术特征的来源和寄托"。（同上书，97页）奥莱·文丁（Ole Vinding）回顾起乔伊斯曾告诉他说，"我每天都从家里获得文件和新闻"。（同上书，146页）非爱尔兰的朋友评论说，爱尔兰的朋友不仅仅频繁地来看望他，事实上，乔伊斯更视他们为消息传达者。

路易斯·格莱特（Louis Gillet）写道："虽然乔伊斯从一个城市流亡到另一个城市，在台伯河或亚得里亚海沿岸的塞纳河的码头，或瑞士湖岸边，但他就像尤利西斯——在寻找伊萨卡岛——一个梦想者总是梦想着只在他的祖国生活。"（同上书，169页）斯蒂芬·迪达勒斯对巴黎凯文·伊根的回忆，绝不能直截了当地应用于近20年后到过那里的乔伊斯身上，尽管如此，斯蒂芬用来唤起他人对遗忘国家的痴迷的力量，却是值得再次回顾的，这不仅是个人的痴迷，也是渴望看到国家的转变。爱尔兰可能已经忘记了乔伊斯，但是乔伊斯没有忘记爱尔兰："记住你了啊，锡安！"（《尤利西斯》，第三章，264页）

第十六章

乔伊斯和独立国家

但是，当乔伊斯完成《尤利西斯》时，爱尔兰正在发生巨大的变化。在一定限度内，独立似乎再次成为可能，但紧随其后的却是国家的分裂。1912年，日益强硬的新教徒和联合主义者中的大部分人，已宣布反对北爱尔兰地方自治条例草案，并获得了在英国同样强硬的联合主义者的鼎力支持，他们号召组织起名为阿尔斯特志愿军的私人武装，并计划在阿尔斯特建立临时政府。在南部，民族主义者的回应是成立名为国家志愿者的军队，尤其是要强迫北爱尔兰接受地方自治。当爱尔兰议会领导人承诺无条件支持志愿者在英国的战争，一个更激进的受爱尔兰共和党人兄弟会影响的小组分裂了，他们自称为爱尔兰志愿者。复活节起义就是这一事件的结果，它产生一个新的、基础深厚的新芬党，也产生了一位在接下来60年的大部分时间里统治爱尔兰政治的无冕之王——埃蒙·德瓦勒拉。

德瓦勒拉迅速成为新芬党和爱尔兰志愿者的主席，1919年，他也迅速成为替代爱尔兰议会的"爱尔兰国会下议院"的首任总统。英国正式宣布它是非法的，于是德瓦勒拉开始逃亡。1919年至1921年这两年间发生了英爱战争，双方分别是英国军队、警察与志愿者的极端分子，他们现称自己是爱尔兰共和军。英国军队的构成主要是臭名昭著的、暗杀准军事部队的警察，一支被称为爱尔兰王室警吏团，另一支

第十六章 乔伊斯和独立国家 181

1920年遭皇家爱尔兰警察队预备队放火烧毁的科克市中心。

被称为皇家爱尔兰警察队预备队，他们洗劫乡镇和烧毁科克市中心的一部分，其策略有时冷酷地让人联想到克伦威尔。乔伊斯敏锐地意识到发生了什么事情，他的姨妈约瑟芬告诉他，"这里不过是袭击和谋杀"。[1] 与此同时，因被民族主义者激怒，"爱尔兰政府法案"在北爱

---

[1] 马多克斯：《娜拉》，259页。

尔兰成立了议会和一个管理机构，它在1921年6月正式开始运行，爱尔兰的分裂已成为一个既定的事实。

到1921年，在战争中双方都宣称自己处于优势，但实际均处于劣势。在爱尔兰的英国陆军战线严重拉长，尤其是因为敌人的战术策略被可怕的迈克尔·柯林斯掌控。爱尔兰共和军目前正在从美国获得大量资助，然而它也失去了一些士兵和武器。英国处于国际压力之下，更重要的是，北爱尔兰问题（在某种意义上）得到了解决。英国现在可以开始与爱尔兰民族主义者进行谈判，当时停战的时机已经成熟。但是1921年的条约，竟然又一次成为历史的不幸。麻烦的是，劳埃德·乔治提供给爱尔兰的只有被统治的地位，它将使爱尔兰成为帝国的一部分。德瓦勒拉和下议院愿意通过边界委员会来解决北爱尔兰问题，他们甚至愿意让英国保留其海军基地，但他们坚持从英国政权中独立出来，爱尔兰或其大部分必须成为一个共和国。德瓦勒拉甚至制作了"第二号文件"作为预备条约，希望在共和问题上将爱尔兰纳入很快被众所周知的英联邦，而对成立共和国的问题则没有妥协余地。在《芬尼根的守灵夜》中，乔伊斯对此记叙颇多。

正如乔伊斯在1929年所说的，"那恶棍劳埃德·乔治知道他在做什么"。（《詹姆斯·乔伊斯》修订版，610页）爱尔兰的代表签署了该条约，它是在下议院获得批准的，但只是以极其微弱的多数票获得通过。然后爱尔兰因为条约的签订而迅速分裂，分为支持派和反对派。（"互不相容"）德瓦勒拉辞去了下议院主席职位，而且成立了一个反条约的缔约组织。1922年1月,爱尔兰自由邦的第一届政府,在都柏林城堡从英国统治者那里接管了政权。但胜利是短暂的,爱尔兰共和军分裂了,它的一部分("非正规军")反对该条约,另一部分转变成新的国家军队。正如在后殖民文化中常常出现的,伴随长期殖民统治历史而来的是恐怖、流血、自相残杀的冲突。未统一的爱尔兰再次被内战撕裂,长期遭受着所谓优越文明的野蛮重创的文化,不大可能一夜之间完全转成现代文明。政治现实主义者和崇高的、不妥协的梦想家之间的裂缝蜿蜒在组织、社区和家庭中,有时会因常年的敌对行动和世仇而错综复杂。结果不仅是武装冲突,而且还有暗杀、未经审判的处决、随意的报复。用叶芝的话说,"噩梦乘坐着睡眠来临了"。[1]

乔伊斯一直认为,爱尔兰很容易发生内战,尤其是在胜利的门槛上。他对内战明显不感兴趣,当姨妈约瑟芬用叶芝式的方式告诉他,大多数爱尔兰人现在似乎"心越来越硬了",他回答说:"看来如此,只是大脑越来越软了。"(《书信选》,293页)他有理由尖刻。如果爱尔兰始终在乔伊斯的想象里,那么娜拉则一直渴望真实的东西。1922年,尽管乔伊斯匆忙地试图劝阻她,但她还是带着孩子,首先到了都柏林,然后去了戈尔韦。当这一切发生时,德瓦勒拉正在戈尔韦发表

---

[1] 《一千九百九十九》,见《叶芝诗歌》,315页。

反对"条约"的演说。几天后，反政府武装夺取了乔伊斯住所对面的仓库，独立政府的部队迅速入侵他们的卧室，在窗户上架起了机枪。娜拉、乔治和露西亚坐火车逃走了，并陷入火车上国内军队和沿线叛军之间的交火，他们只好躺下来避免被射中。据乔伊斯说，"娜拉的叔叔听到她在地板上爬，爱尔兰的老式子弹就从她弓起的脊背上呼啸而过，他几乎笑得从椅子上掉了下来。"（《书信选》，293—294页）而乔伊斯自己却高兴不起来，事实上，一系列事情就这样发生了，在他的家人安全回到巴黎后，乔伊斯被突如其来的眼病迅速击垮了。早在1922年，爱尔兰的信息部长问他是否会回到一个独立的新爱尔兰时，乔伊斯曾简洁地回答："不是现在。"（《詹姆斯·乔伊斯》修订版，534页）戈尔韦事件似乎证实了他是正确的。

　　从内战到德瓦勒拉的芬尼亚党在1932年的选举，这段时间威廉·考斯格拉维的爱尔兰自由政府的发展，以及1932年之后爱尔兰的发展，都只是加深了乔伊斯不愿回到爱尔兰的想法。自由的国家仍然是惊人的不自由，因此，乔伊斯可以想象得出那包括阿尔斯特的和不受英国权力影响的爱尔兰共和国，他仍然对此漠不关心。在1932年他评论说："在英国统治之下的任何自由的假象，似乎都已经消失了，其实这并不是很多。"（同上书，643页）自由国家开始致力于阐释爱尔兰，用本土地道的盖尔文化的词汇，以及它所宣称的历史的宏伟，这也意味着用完全反对英语的文化来定义爱尔兰。盖尔语的强制教学成为法律，在正式的公共生活中也必须使用它。但是，新的文化不仅是

埃蒙·德瓦勒拉在1932年大选胜利后首次进行电台演说。(《芬尼根的守灵夜》,593.3)

一个被叶芝称为的"热心的盖尔王国",[1] 看起来似乎"天主教的良心必须独自统治爱尔兰"。[2]

唉,这个"良心"丝毫没有像乔伊斯的或者乔伊斯所希望铸造

---

[1] 叶芝:《未收集的散文》,二卷,约翰·P.弗瑞恩和克尔顿·约翰逊编,纽约,1976年,3页。
[2] 叶芝,来自1930页的日记,都柏林,1944年,56页。

的那样，它没有充分体现丰富的天主教文学、知识和历史传统，至少不和异端妥协。新的爱尔兰天主教良知"是相对萎缩的"。自由政府深刻怀疑腐化的外国势力，正如乔伊斯在《尤利西斯》中曾指出的，它注意到爱尔兰部分继承了英国维多利亚和爱德华令人窒息的极端道德主义和仇外心理。它极力反对品行不端的和与性有关的所有行为，从节育到治愈淋病的广告，禁止离婚条例的制订事实上也已经基本完成，德瓦勒拉终于在1937年将其写入新爱尔兰宪法。但是，以爱尔兰艺术家的观点来看，独立后的爱尔兰最令人沮丧的特征也许就是致力于审查，审查法案于1929年成为法律，到1935年，塞缪尔·贝克特写了一篇关于该主题的论文，他列出了在爱尔兰注册的、被列为违禁出版物的618本书籍和11种期刊。被禁的作者包括萧伯纳、奥凯西、乔治·摩尔、奥斯汀·克拉克、毛姆、赫胥黎、劳伦斯、福克纳、波伊斯兄弟、薄伽丘、卡萨诺瓦、嘉瑞、科莱特、席琳和西（协会）。乔伊斯去世后出版的《芬尼根的守灵夜》也被列为违禁书籍。

贝克特用一种农作物来比喻这种情况，其不足道的成功是新爱尔兰贫乏的经济进步迹象。"我们现在用甜菜浆来养猪，对猪来说什么东西都是相同的。"[1]但如果检查条例草案本身是愚化的，它也会

---

[1] 塞缪尔·贝克特：《爱尔兰自由邦的审查》，见《表演者：多样写作和戏剧片段》，卢比·科恩写序，伦敦，1983年，84—88页,。

以其他方式招致政治压迫。条例草案使长久内战的双方否认对方的自由发言权成为可能。从1924年在自由政府军队的兵变和谋杀，20年代爱尔兰共和军破坏财产和恐吓陪审团，到1929年和1932年选举之后爱尔兰共和军威胁自由邦居民，在任何情况下，内战冲突的后遗症、痛苦和极端主义从来没有远离爱尔兰人的生活。一个奇怪的、不愉快的，但似乎是必然的逻辑是，一个"自由"的爱尔兰似乎要重复长期支配它历史上的暴行。与此同时，天主教帝国只是加强了它的控制。

1932年，乔伊斯这样描述爱尔兰，这个国家不仅是他"不敢去"的，而且"不到三个人能知道我理解我"。(《书信选》，360页) 按照乔伊斯的观点，理解的失败是最重要的，爱尔兰或者误解与两位主人的斗争性质，或者拒绝真正加入进去。乔伊斯充分认识到新文化压迫的功能，但他也承认镇压持续疲软的症状。爱尔兰仍然是一个"患病的穷人"和"可怜的牧师和最后的安慰者"的国家。(同上书，373页) 爱尔兰人很少表现出斯蒂芬的意志力量、布鲁姆的应变能力或莫莉的活力和分寸。乔伊斯仍然没有准备放弃老阵地。因此在1932年选举后，叶芝和萧伯纳建议成立一个爱尔兰文学学会，他们这样做部分是为了反对现在爱尔兰更为严重的天主教排外主义。当叶芝让乔伊斯加入时，乔伊斯却拒绝了；同样在十年前，他也曾要求格雷戈里夫人从其爱尔兰文学运动的历史中省略所有提及自己的内容。(同上书，290页) 他可能已经对爱尔兰的等级阶层感到绝望，他们总觉得自己的利益是最重要的。但他不想被选举为社会和文化精英,因为他们日益所关注的是要凌驾于天主教群体之上,毕竟在18世纪,新教为了彰显自己的优势正是这样做的。

第十七章

乔伊斯的事业

1923年3月11日，乔伊斯在给哈里特·肖·韦弗的信中写道："自从我写完《尤利西斯》最后的一个字'是'之后，昨天我又写了两页。"(《詹姆斯·乔伊斯》修订版，551页)6月6日，他给瓦勒里·拉巴德读了60多页新的作品。他开始动手写作《正在进行的工作》(Work in Progress)了，众所周知，此书接近完成时被称为《芬尼根的守灵夜》，对大多数人来说，无论是学者还是普通读者，这都是一部他最模糊晦涩和令人费解的作品。

相比乔伊斯早期的作品，《守灵夜》是以非常不同的方式创作的。乔伊斯现在是一个被崇拜者围绕的著名现代天才，在这种情况下他会尽情发挥自己的优势。如果他曾经组建过一支《尤利西斯》宣传队，那么他现在也组建了自己的支持团队。斯图尔特·吉尔伯特说：

> 他完全掌握他们自己的时间——有时也包括金钱；无论身在何处，他都希望他们跟随着他：不管是无聊的戏剧和歌剧，还是毫无趣味的昂贵餐厅；即使他想在一些琐碎的和可以随意推迟的任务上得到帮助，他也会对他们随意召唤随意取消；他们为他跑腿，为他做幕后工作，承担棘手和令人反感的任务，这都显示出

他对他们召唤的怠慢、粗暴和奚落。[1]

吉尔伯特是牛津大学毕业的英国人，以前是殖民地缅甸的法官。（一个乔伊斯会津津乐道的讽刺。）吉尔伯特可能幻想自己在公正和体面的行为上是一个仲裁者。残忍的、俏皮的、具有虎猫思想（tiger cat mind）的爱尔兰人，可能在把吉尔伯特变成布茨的时候找到了一点乐趣。吉尔伯特的总体评论也颇有道理，乔伊斯越来越成为"乔伊斯公司"[2]，在这里他仍是执行董事长及唯一的灵感。

《守灵夜》尤其是这样，乔伊斯和乔拉斯夫妇的关系就是一个例子。尤金·乔拉斯和玛丽亚·乔拉斯是美国人，尽管尤金的父母来自洛林，他们创立了一份前卫的评论杂志《转变》（Transition），并成为乔伊斯新随从队伍中的关键人物。从1927年开始，乔伊斯决定连载发表《守灵夜》的提要和草稿。从长远来看，这对它的被接受将产生重要影响，其中认为这是一部可怕地密封的和绝对地抽象的现代派杰作，这一直是占据主导地位的思想。另一个几乎不可缺少的人物是保罗·莱昂（Paul Léon），一个富裕的俄罗斯流亡者，他为乔伊斯效力，成为他称职的（无薪的）个人助理和秘书。加上瑞士建筑史学家希格弗莱德·吉迪恩（Sigfried Giedion）和他的妻子、艺术评论家卡罗

---

[1] 引自麦金莱的《乔伊斯的生活》，13页。
[2] "乔伊斯公司"可联想到"莎士比亚公司"，一家巴黎的书店，乔伊斯是这里的常客。——译注

拉吉迪恩·维奥克（Carola Giedion-Welcker）、乔拉斯夫妇和莱昂，这形成了20世纪30年代乔伊斯圈子的核心。与此相比，从长远来看不论是西尔维亚·碧斯还是哈里特·肖·韦弗，都变得不那么重要了。庞德已经不在巴黎，他开始慢慢隐退了。

乔伊斯的团队，似乎从左岸的鲜廉寡耻和自甘堕落的玩世不恭变得更加专业。但一如既往的是，他以另一种方式继续生活在两个世界。他甚至不愿意在爱尔兰自由邦落脚，与爱尔兰冷漠关系的持续不仅是多面的、变化的和深刻的，也变得更为外人所知。乔伊斯可能公开声称他对自己的人民是不必要的和被忽略的，实际在更大程度上，比起在的里雅斯特或苏黎世，爱尔兰却来找他了。从前流亡日子里认识的老朋友，其中有些已成为《画像》中的虚构人物，像J.F.伯恩、帕德莱克和玛丽·科拉姆，汉纳·希伊·斯凯芬顿和君士坦丁·柯伦，在不同时期都来过巴黎。这其中也包括乔伊斯和娜拉的家庭成员，如斯坦尼斯劳斯和迈克尔·希利。都柏林的帕特里克·陶西画了他的画像（和他父亲的），年轻的爱尔兰作家和诗人，像托马斯·麦格利维、布赖恩·科菲和亚瑟·帕维尔也来见他，或被吸收到他的团队。其中最值得注意的是，年轻的贝克特加入了乔伊斯的团队，作为一名作家，贝克特是一个既全面地学习，也收敛地反抗乔伊斯的例子。像乔伊斯圈子里的其他成员一样，贝克特既是《正在进行的工作》的书记员，也是其研究者，他按照乔伊斯的命令读书并在他回来时向他报告。

自从离开爱尔兰后，乔伊斯在更大程度上，至少在谈话中，比以往任何时候都更关注爱尔兰，尤其是都柏林的文学、历史和地理。他和他的爱尔兰朋友对爱尔兰，特别是爱尔兰人民和地方谈论不休，这两者体现在《正在进行的工作》中。他更喜欢把爱尔兰电台称为阿斯隆电台，因为就像《守灵夜》的读者那样，他听到的爱尔兰的声音受到静电和外国干涉。(讽刺的是，电台的信号是"2RN"，暗示听众"回到爱尔兰"。)乔伊斯在20世纪30年代仍然是一个精明的自我推销者，但他把自我宣传也当成了国家的宣传。如果从乔伊斯为爱尔兰带来的旅游增长来判断，他的做法越来越得到认可，他不断用另类的、微小的、典型且奇特的方式在欧洲推销爱尔兰，他履行了爱尔兰自由邦的职责，虽然用他自己的话说并不是这样的。

他变得热衷于推销爱尔兰男高音约翰·苏利文（John Sullivan），像乔伊斯的父亲一样，苏利文是科克人，他和乔伊斯一样，曾长期生活在欧洲大陆。斯坦尼斯劳斯首先遇到了他，并将苏利文介绍给他的哥哥，很快乔伊斯迷上了苏利文的声音。苏利文声称要与意大利统治歌剧舞台的现状作斗争，乔伊斯很快就认为他们两个人志同道合。他鼓励自己的朋友来参与，敦促他们参加苏利文的表演，在苏利文表演时他自己会高喊"精彩啊，科克！"（《詹姆斯·乔伊斯》修订版，621页）他让他们写文章支持他，或者在报纸上评论他。他通过南希·丘纳德接近了爵士托马斯·比彻姆，通过温德姆·刘易斯接近欧杜林·莫雷尔夫人，他也接近了爱尔兰在伦敦的高级专员，甚至试图说服乔治·安太尔为苏利文合作写一部歌剧。

在题为《从被禁止的作家到被禁止的歌手》的颂词中，乔伊斯将自己与苏利文等同起来。在这篇文章中，有很多《守灵夜》里的语言游戏，因此很容易错过许多关键之处。《从被禁止的作家到被禁止的歌手》发表在《新政治家和民族》，附带的介绍明确断言，乔伊斯抱怨苏利文被"禁止"，或至少在英格兰不被广为所知。(《批评和政治作品杂集》，346页) 但此抱怨也是对自己不断自我放逐的原因的说明。到了20世纪30年代，这个原因包括盎格鲁-爱尔兰战争、内战和自由联邦的进展。乔伊斯重点抨击旧的侵略者，特别是克伦威尔。(同上书，214页) "温柔热爱耶稣者，一如以往切开了喉咙。"毫无疑问，他在一定程度上记着"爱尔兰王室警吏团"。苏利文怀疑三名意大利男高音合谋反对他，乔伊斯就嘲弄性地让他们表演英国国歌，并以此来结束这篇文章。他也嘲弄教会的腐败(同上书，213页，"罗马人和贞女玛丽一样，是个婊子。")，但在《尤利西斯》中，他也抨击了天主教的排外性（"讲清楚O.U.T了。"）和天主教的迫害（反对新教)，"准备好，做好准备，让我们的夫人尖叫起来，并确保她们确实被杀，又多了一些温柔的克洛蒂尔"。(同上书，214页) 在圣巴塞洛缪的大屠杀日的管弦乐曲下，伦敦最大的托儿所的音乐可能显得琐碎和无味，但乔伊斯头脑清晰。在爱尔兰，天主教徒的暴力加深了压迫的习惯，终于，自由联邦虽然名义上宣布了独立，但显然在文化上无法迅速克服其历史上形成的惯性，对此乔伊斯和苏利文都不喜欢。

乔伊斯和苏利文一度与爱尔兰作家詹姆斯·斯蒂芬斯（James Stephens）一起拍照。乔伊斯建议图片标题为"三个爱尔兰美男子"。从一定意义上说，斯蒂芬斯是另一个乔伊斯感兴趣并推销的爱尔兰人，确实曾发生一个相当惊人的插曲，他曾把斯蒂芬斯当做是《守灵夜》的共同作者。乔伊斯于1912年在都柏林首次见到斯蒂芬斯，但令人遗憾的是，斯蒂芬斯后来形容乔伊斯为"失望的嫉妒的人"。（《詹姆斯·乔伊斯》修订版，334页）然而，这种观点在第二次他们在巴黎见面后就改变了。乔伊斯和斯蒂芬斯有相同的名字，都于1882年2月2日出生在都柏林。根据乔伊斯告诉斯蒂芬斯的话，他们也都在早上6点同一时间出生。乔伊斯读了一些斯蒂芬斯（强调爱尔兰）的作品并喜欢它，他本人也厌倦了写作《守灵夜》。斯蒂芬斯有可能接手吗？这至少是乔伊斯在给哈里特·肖·韦弗的信中所提出的。

> 当然，他绝不会拿出一部分时间或精力，如我拿出的那么多，虽然这对他，对我，可能对书本身都更好。如果他同意保持三至四点我提供的并认为是必要的观点，那我就会提供给他可以完成作品的主线。（《书信选》，323页）

这看起来像是一个略显错乱的想法，但它实际上证明了乔伊斯的观点，认为他的作品是极度非个人化的。如果斯蒂芬斯肩负起《守灵夜》的重任，他写道："这对我的思想将是一种巨大的解脱。"（同上书，323页）书中提出了自己的需求，毫无疑问，它也必须被写入。但是，如果写《守灵夜》是一种责任，它正在成为一项繁重的责任，而乔伊斯已经制订了所有的提纲，为什么不让别人完成它呢？对于爱尔兰和都柏林的传记和历史经验——它们的文化和语言、它们最近的希望和失望，斯蒂芬斯都与乔伊斯有着完全相同的知识范围，谁会比这样一位爱尔兰人更合适呢？事实上，乔伊斯对斯蒂芬斯的兴趣出于同样的推动，被《尤利西斯》如此明显的史实性或极端的历史特性所推动，同时也是出于史诗意图的推动。

斯蒂芬斯后来因为乔伊斯的两个美德而称赞他，其中一个是乔伊斯最突出的，另外一个也许略显模糊："你是我所认识的人中最微妙的男人，也一直是最友好的男性。"（《詹姆斯·乔伊斯》修订版，696页）虽然乔伊斯计划提升斯蒂芬斯的荣誉，提升到和创作了《正在进行的工作》的自己一样高的荣誉，但这个荣誉还是相当不确定的。这没有任何结果，其实也不可能有任何结果。只是这一情节有助于我们了解一些乔伊斯对《芬尼根的守灵夜》的想法，它还可以帮助我们认识到他的生活在那时变得多么绝望。

第十八章

一个狂热的、失明的、年迈的诗人

在乔伊斯称之为《葬礼》(《芬尼根的守灵夜》,120.10)的《守夜人》中,有一个句子似乎是乔伊斯后半生的总结:"响亮堆积的苦难,还缠绕着低矮的笑声,这就是我们的艺术。"(《詹姆斯·乔伊斯》修订版,259.7—8)苦难确实存在。乔伊斯的性格似乎是一个比较奇怪的组合,部分粗野,部分软弱和冲动。他最大的问题是他的视力一直很虚弱,在的里雅斯特时曾出现过麻烦。后来在1917年,他在苏黎世遭受眼疾的痛苦。虽然做了手术,但其后又多次感染虹膜炎,到1921年, 需要5个星期的休息和大量的可卡因才能帮助他从其中一个疾病中恢复过来。到1922年,问题变得更加糟糕,他饱受青光眼的痛苦;当在苏黎世时,其中一只眼睛甚至充血。他也患有关节炎,有一口甚至需要拔掉的烂牙。如果《尤利西斯》的信息是可靠的,那么他的牙至少从1904年起就未曾处理,不断腐烂。到1923年,他声称自己的眼睛已经不能够再阅读其他人的作品了。他在1924年夏天再次做了手术,同年晚些时候又做了一次;在1925年的春天和冬天, 以及1926年的夏天也都做了手术。一轮轮的专家会诊和手术,持续到20世纪30年代。到1934年,一个邻居指出,娜拉·乔伊斯必须把牛奶和糖放到乔伊斯的茶水里。他再也不能出去散步,并开始依靠一根拐棍行走。他用一个白色的餐盘当烟灰缸,似乎生活在一个黄昏的世界,

当哈里特·肖·韦弗提到阳光时，他问道："那是什么样子的啊？"（《詹姆斯·乔伊斯》修订版，571页）

他说，《守灵夜》的写作有时会让他感到"简直是加倍的疲劳和绞痛"。（同上书，598页）塞萨尔·阿宾（César Abin）在乔伊斯50岁生日时明白了上述问题，他认为乔伊斯的问题颇为严重。乔伊斯经常胃痛，还与他的女儿有矛盾。自从全家来到巴黎后，露西亚热衷于成为一名舞蹈演员，并取得了一些小小的成功。但是她认定，她没有体力把舞蹈作为她的职业。她很早就一直和弟弟乔治关系很亲密。虽然与海伦·弗雷彻曼1930年结婚，但恋情让她感到不安。她与很多的男人的关系都不成功，包括贝克特。20世纪20年代后期，她表现出了抑郁的迹象。1932年2月，乔伊斯的50岁生日，她惹怒了她的母亲，以至于将椅子扔向母亲。几个星期后，她表现出紧张性精神症，就这样开始了一个长达一年的危机、愤怒、歇斯底里、恐慌、从家逃跑，以及接触医生和精神病医生、往返医院和诊所、进行注射和手术的经历，其间或多或少被"治愈"，但她需要从长期遭受此类病痛的朋友那里寻求帮助。露西亚在法国和瑞士的许多家疗养院都住过很长时间，还一度成为荣格的病人。她去了伦敦，在那里她严重破坏了哈里特·肖·韦弗的生活。她去了爱尔兰，也给那里的家人、朋友和亲戚带来类似的后果。乔伊斯是痛苦的、任性的和不切实际的，他不断赞美露西亚惊人的洞察能力，并将她的精神障碍与他自己的天赋密切联系起来。他拒绝承认她患上不治之症，也不让她去做鉴定，虽然从

1936年开始,他不得不接受他的女儿将会在慈善机构里度过余生的事实。另外顺便一提的是,在1938年,他的儿媳海伦也精神崩溃了。

乔伊斯生活中的几次巨变,看起来都和巨大的政治动乱有关,这越来越吸引欧洲。有时,他认为自己是一个悲伤的人,正如路易·季乐特(Louis Gillet)在《耶利米书》中所说的,乔伊斯一周的日子就是:"哀悼日,流泪日,哭喊日,重击日,惊吓日,毁灭日。"(《流亡艺术家的肖像》,198—199页)有一次在盥洗室,确保除了一个爱尔兰朋友没有其他人后,他非常大声地尖叫着,最后,朋友回应道:"你看,如果你不介意,现在停止吧?"[1]尽管有着如此多的不幸,然而乔伊斯依旧坚持不懈地写作。《正在进行的工作》反映了他的困境,他说:"这是夜,是黑暗的,你几乎看不到。"(同上书,233页)

但是就乔伊斯来说,即便是老年的痛苦也形成了传统的一部分。这一点在《尤利西斯》中很明确,有时他把自己想象成一个现代版的爱尔兰游吟诗人,虽然老年乔伊斯更像一些。乔伊斯主要不是一个诗人,但古老的爱尔兰游吟诗人也不仅仅是诗人,其中许多人是与一个王朝国王或首领有联系的官员,他们是法律制定者、年代史编者和系谱专家,根据游吟诗人的规则,他们在法律、音乐、历史(和伪历史)上非常博学,这在《尤利西斯》和《守灵夜》中表现得异常明显。他们还是传奇的讽刺作家,为当权者所顾忌。乔伊斯多次表示爱

---

[1] 见《詹姆斯·乔伊斯》,640—641页。

尔兰应该聆听他的观点，这似乎有些傲慢虚荣，甚至略显狂妄，但这也是一个游吟诗人的信仰。为坚持这一信仰，乔伊斯在演讲时拒绝承认艺术家是人民的立法者这一个爱尔兰古怪的古代想法。

游吟诗人经历了从前基督教时期到19世纪初的历史变迁，后来由于不断入侵，游吟诗人的诗歌也开始改变。按照18世纪学者约瑟夫·沃克（Joseph Walker）的话说，"活泼的弗里吉亚让位于庄重的多利安式。"[1]颂词、狂想曲、讽刺文章，转向了对反抗的煽动。据埃德蒙·斯宾塞（Edmund Spenser）的说法，吟游诗人臭名昭著地赞美抗命、淫乱和叛乱，这毫不奇怪。为什么亨利八世和伊丽莎白一世要通过法律反对他们，巴德·尼兰就曾被说成是点燃了托马斯·菲茨杰拉德反对亨利八世叛乱的火花。游吟诗人的诗歌不仅仅通过诗歌表达反抗，而且也成为一首哀悼的诗歌，其中个人的悲伤和政治的悲伤不断混淆在一起。游吟诗人一方面与苦难，另一方面与牢骚，有着千丝万缕的联系。

后来的游吟诗人使人想起乔伊斯的许多方面，他们往往是盲目的、流浪的和饮酒的男子，经常居无定所，依靠那些赏识自己的"伯乐"的慷慨帮助而得以生存，例如18世纪科马克·考门（Cormac Common）。而特拉夫·欧卡罗兰（Turlough O'Carolan），通过寻

---

[1] 约瑟夫·C.沃克：《爱尔兰游吟诗人的历史备忘录》，《论古代和现代爱尔兰人的穿着》，《爱尔兰武器和盔甲的备忘录》，二卷，都柏林，1818年，1页，181页。

求黑暗时代的"刑法典"来赞美和维持爱尔兰，乔伊斯将他盲目的脸作为乔治·西格尔森的《凯尔和高尔的游吟诗人》(*Bards of the Gael and Gall*)的卷首插画。还有窦开德·麦克考马拉（Doncad Mac Conmara），他描写了一个模仿英雄爱尔兰的《伊尼伊德》，远远早于乔伊斯所写的模仿英雄爱尔兰的《奥德赛》；还有安东尼·拉夫特瑞（Anthony Raftery），去世于1835年的最后的吟游诗人。老年的乔伊斯似乎已经喜欢引用叶芝的句子："还是你，还是你，颤抖的心脏。"[1]他可能同样引述费力姆·麦卡锡（Féilim McCarthy）有名的哀悼作品："我躺在疼痛狭窄的房子里，遭受加倍的折磨与前景堪忧的苦难。"[2]然而，在乔伊斯50岁时，他留给世人深刻印象的并非是长久的苦难，而通常是他在逆境中的坚韧和创意。他也经常笑容满面，在这一点上，乔伊斯同吟游诗人一样。

然而，在乔伊斯的生命中，又一次出现了奇怪的机会和明显的巧合。因此，当他完成了《芬尼根的守灵夜》时，其危险的逻辑却使他走向人生的尽头。乔伊斯尽管遭受胃痉挛之苦，但还是在1938年后半年完成了《守灵夜》，他的病情在1939年5月4日加重，4个月后战争也爆发了，当时露西亚住在巴黎郊外伊夫里市的桑特房子里，乔伊

---

[1] 见威拉德·波特编，《流亡者中的艺术家的肖像：欧洲人对詹姆斯·乔伊斯的搜集》，都柏林，1978年，186页。
[2] 见乔治·W.西格尔森：《盖尔人和高尔人中的游吟诗人：爱尔兰诗学中的例子》，伦敦，1897年，316页。

特拉夫·欧卡罗兰的《著名的爱尔兰游吟诗人》,乔治·西格尔森的《凯尔和高尔的游吟诗人;爱琳诗的例子》的卷首插画(1897年)。

斯很着急,担心她被单独留在那个他认为将要被轰炸的城市。露西亚必须搬走。乔治和海伦·乔伊斯现在已经分居,而海伦又经受了一次崩溃,还住进了医院。乔伊斯和娜拉·露西亚再次离开巴黎,但巴黎的生活和生命是瞬息万变的,大部分人都在放弃这个伟大的城市。圣诞节时,詹姆斯·乔伊斯、娜拉、乔治和孙子斯蒂芬,都在圣·吉拉德·勒·普易。乔伊斯感到悲哀,他的腹部也遭受着疼痛的折磨,乡村生活使他无精打采;他又担心露西亚,基本上没胃口吃饭。他显得如此憔悴，以至于娜拉以为她会失去他。在朋友的鼓励下，他按计划到达苏黎世，并在中立国瑞士挨过了第二次战争。当然这是很难做到的，特别是因为乔伊斯希望带着他所有的家人。最初当他申请签证和居留许可时，瑞士当局没有认出他的名字——颇具讽刺意味的是——他被当成犹太人。在1940年12月，除了露西亚外，全家人终于都有了签证。然而乔伊斯却病倒了，并于1941年1月13日上午2点15分逝世，死于溃疡穿孔和腹膜炎。正如娜拉所了解的那样，别人会坚守他不屈不挠的精神。当牧师问她是否应该为乔伊斯举办一个天主教的葬礼时，她冷冷地回答说："我不能那样对待他。"（《詹姆斯·乔伊斯》修订版，742页）

第十九章

巨 石

《芬尼根的守灵夜》是一个独一无二的成就，它完全使那些试图理解它的人感到困惑和沮丧，但也创造了一群对《守灵夜》特殊的痴迷者，在乔伊斯圈内形成一个独特的群体，他们秘传的知识，如果不是令人生畏的，也是深奥难懂的。《守灵夜》的问题是，从一般意义上说，读者都读不懂它。至少乍看起来，他似乎用自己独特的、令人恐惧的语言写成，这种语言囊括60多种现存或逝去的语言，它充满了令人恐惧的、难以理解的暗示。评论家们投入了大量的时间和精力，挖掘出《守灵夜》中的故事。他们详细论述了可能与《守灵夜》有关的人物，但是，每一个版本的叙述都是有争议的。《守灵夜》中明显存在着有名有姓且有着象征功能的影子人物，但却很难非常确定地跟踪到他们，或单独把一个人物从另外一个人物中剥离出来。乔伊斯本人曾断言："可以这么说，在书中没有独立存在的人物。"（《流亡艺术家的肖像》，149页）也没有任何的"预先的情节"。（《书信选》，第三章，141页）毫无疑问，面对这样一本难以激发人们阅读兴趣的天书，读者往往感到一筹莫展。但如果他们知难而进，就会很容易发现，这本书是对一个特定的现代主义美学、哲学案例或语言理论的广泛阐述，这不仅是对他们所付出努力的小小安慰，而且是有疑问的安慰，因为如果最终的结论是一个抽象概念，那么读者为什么不去读批评文章，而

纽格兰奇门口铭刻的巨石,米斯有限公司,最有名的爱尔兰巨石遗址的入口。

去读文学原著呢?为什么乔伊斯恰恰需要以这样的方式来证明此论点呢?为什么要用如此鸿篇巨制,付出如此巨大的代价,又如此心力交瘁呢?

乔伊斯的朋友尼诺·弗兰克(Nino Frank),针对这个问题提供了一个比大多数人更有趣的答案。对于乔伊斯的最后一本书,他评论道:"一部崇高的作品,一块巨石,就像那些在卡纳克或复活节岛的巨石一样。"(《流亡艺术家的肖像》,103页)弗兰克可能没有意识到爱尔兰的巨石文化（环状列石、史前墓石碑坊、竖石墓碑、通道墓石）。像爱尔兰的巨石一样，《芬尼根的守灵夜》是一个巨大的、奇怪的、神秘的装饰建筑，但它拒绝被阐释，它可能被认为具有部分葬礼的目的。对一个民族的生活和历史，它既是一本百科全书，也是一个纪念或者惊人的见证。然而，针对弗兰克的类比有三个明显的异议。首先是巨石经过一段时间后会变得晦涩模糊，但没有理由认为产生它们的文化也是晦涩模糊的。但是，如果文化从一开始就晦涩模糊呢？如果，几个世纪以来它一直被占主导地位的异己力量控制着，即使没有被全部消灭，也转入地下了呢？乔伊斯要纪念一个被征服的文化，乔伊斯也想把这种语言的历史隐匿性写入对这种语言的纪念中。

第二个异议或多或少是自动的，对乔伊斯来说，特别是《守灵夜》，其与众不同之处是其普遍性，更时髦的词是"国际主义"。否则，其他的语言在书中又有什么用途呢？如此广泛的文化又为什么会被涉及呢？阅读乔伊斯的"国际主义"，正如我在第一章中所说的，是由历史和政治因素，特别是由乔伊斯研究在国际现代主义和后现代主义中的长期统治地位所决定的。这些因素都鼓励离心而非向心地阅读《守灵夜》的习惯。随着时间的推移，真相终会被揭开。很显然，如同《神曲》聚焦佛罗伦萨一样，《守灵夜》最主要的关注点就是爱尔兰，从爱尔兰地形学、地理学、神话，到爱尔兰传说和文学、编年史，从季诺德斯·剑布林瑟斯（Giraldus Cambrensis）到斯坦迪什·奥格雷迪和约翰·吉尔伯特，在书中爱尔兰参考资料的范围，大大超过其他参考资料。如果有人物、事件、场景、风景和城市风光,它们最终的根也是在爱尔兰。不管《守灵夜》中"设置"有什么局限,从来没有人声称它被设置在巴黎或的里雅斯特。当然"国际主义"绝不是完全错误的,非爱尔兰的材料也并非不重要。但是,从一开始它就被吸引到爱尔兰的轨道上来,并在爱尔兰的语境下展示其意义。如果由于历史事件、政治压迫和经济因素等需要多次将爱尔兰移民和难民驱赶到世界其他地方的话,那么乔伊斯却让世界成群结队来到爱尔兰。

第三个异议是最强烈的,《芬尼根的守灵夜》显然不仅仅是对历史的记忆,也是对当代文化的敏锐反应,如漫画、电话、无线电,甚至早期的电视,同时也是一个预言的文本,对未来,尤其是对爱尔兰未来的沉思。如果它是一座纪念碑,那么,它也是一种极不寻常的古迹。虽然它涉及一个特殊的殖民历史的事实是至关重要的,但是一个殖民地历史的纪念碑具有将灾难、失败和绝望的形象定格的风险,这也是一个他者胜利的纪念碑。乔伊斯的解决方案是将爱尔兰的历史,和爱尔兰实际与可能的改变,以及面向世界的爱尔兰结合起来。标题《芬尼根的守灵夜》暗示了对过去权力的怀念、纪念和见证,它也提出一个建议,重新开始或者进入一个崭新的"独立国家"(芬尼根,觉醒!)这本书将这些冲动结合起来,通过这种方式,它体现了"相反相成"的原则。(《芬尼根的守灵夜》49.36)乔伊斯说,这是他从16世纪意大利哲学家乔尔丹诺·布鲁诺(Giordano Bruno)那里学会的,布鲁诺的作品对《守灵夜》很重要。

《守灵夜》的开头有值得强调的四个特色。首先是再现具有悠久历史（实际上在神话中）的、自相残杀的暴力行为，这通过一种幼稚的怜悯和敬畏的语气来传达，似乎是不可理解的：

> 东方之神和西方之神、意志和习惯，是怎样的冲突啊！青蛙呱呱呱呱地叫着，妈呀，妈呀，妈呀！在那里，弯刀长矛仍然出去摧毁统治宝剑燃烧弹，在那里，凡尔登人把霍斯街上白衣会员的吃人习性投射出去。攻占城门的长矛、暴雨般的飞镖，鸡奸者们，使我恐惧。为荣誉而战的哭泣者，得救。武器带着泪水在苦求，恐怖。杀啊杀啊杀啊！一声丧钟，又一声丧钟！（《芬尼根的守灵夜》，4.1—8）

很显然，这里的主要参考资料都来自爱尔兰，如马拉奇二世和布里恩·宝路，是1066年威廉征服英国以前与其竞争的国王。"鱼神"是与土艾瑟·德·丹艾恩争斗的废陋巨人，因为是西方的神，故被称为"牡蛎之神"，戈尔韦就是因牡蛎闻名。最具幻想的事情并非没有意义，乔伊斯让德·沃当斯（追溯到盎格鲁-诺曼家族的征服时期）与白衣会会员争斗，这是一个农民起义者组织，据说乔伊斯的高曾祖父也是其中一员。犹如《尤利西斯》开始时的斯蒂芬一样，《守灵夜》会不断溜回爱尔兰历史的噩梦中，这可能看起来像报复性的螺旋，犹如英爱战争一样令人心酸。例如当乔伊斯写道："尽量少地去记录，而用火焰瞄准所有的习俗。"(《芬尼根的守灵夜》189.35—36）他同时在谴责英国军队和共和党人，具体提及的是，1921年爱尔兰共和军的都柏林部队在都柏林海关大楼的俘房，这是旨在打击英国当局在爱尔兰的要点，以便加速战争的结束。事实上，这引发了一个猛烈的反击，结果导致建筑都被焚烧。当然，《守灵夜》中讨论的暴力绝不是简单地只涉及爱尔兰的殖民破坏的暴力，它只是历史上其他侵略的当前形式，在部落战争和爱尔兰内斗中也曾出现。《守灵夜》处处见证了分裂的文化，可能最明显的就是书中所充斥的争吵的情侣和分手的夫妻，而最典型的就是兄弟相残。

本书第一部分的第二个重要特点是它所提及的纪念碑的原则，这是乔伊斯自己的对立面。如果《守灵夜》中有特别显著的丰碑，它就是矗立在都柏林凤凰公园的惠灵顿纪念碑。《守灵夜》带我们参观了博物馆或"缪斯馆"，一个虚构的、位于纪念碑下面的地穴般的空间，其语气如果不是苛刻的，也是粗俗的：

> 这就是屠夫惠灵顿，他只是完成了自己的意愿，穿着四分之一黄铜的木鞋，系着大人物的袜带，戴着最好的草帽，套着巨大歌利亚的鞋套，穿着那方便的紧身站裤。这是他的大白马，厚颜无耻。（《芬尼根的守灵夜》，8.17—21）

纪念碑不仅仅是对"铁公爵"的致敬，也是在爱尔兰的首都宣称英帝

早期明信片上的都柏林凤凰公园，同样可见惠灵顿纪念碑。

国的胜利。然而在这里，"惠灵顿"这个名字就如同一个旋涡，它将与战争有关的各种暗指都吸进来，尽管这些战争与惠灵顿并不相关。（麦格尼塔和金马刺的战斗、歌利亚和大卫的战争、伯罗奔尼撒战争。）滑稽的是，它取代了墓碑本身所代表的惠灵顿的实际胜利。[1] 乔伊斯将爱尔兰与战场上惠灵顿在印度和法国的对手联合起来，无情地嘲弄

---

[1] 夸特·布拉斯战役，在这篇文章中可能看起来是例外，但是威灵顿没有取得胜利，实际上，有些可耻的是，他被迫寻找藏身处以避免被俘虏。

着这位英帝国的英雄。

英国对爱尔兰的殖民统治在《守灵夜》中处处得以体现,皇室访问是最明显的例子,如1171年的亨利二世,1821年的乔治四世,1903年的爱德华七世。但惠灵顿纪念碑也是历史纷争的一个记号,是一个妥协国家赤裸裸的象征。纪念碑也初步表明,《守灵夜》会在多大程度上关注历史侵略者的痕迹,同时又会在多大程度上关注爱尔兰的参与和同谋。惠灵顿自己出生在爱尔兰,具有贵族的优越血统。年轻时,他曾担任爱尔兰总督的副官,并在爱尔兰议会拥有家族席位。后来,他升任英国首相,可那时他的实际工作是致力于天主教徒的解放,而这也是他少有的政治功绩中的一件。(这与其军事上的成功正相反。)

有趣的是,爱尔兰共和军与乔伊斯都厌恶帝国纪念碑,这并不奇怪。但当他们实际上炸毁了奥康奈尔街上尼尔森的支柱时(1966年),乔伊斯却乐此不疲地用《守灵夜》的涂鸦来丑化惠灵顿纪念碑。过去殖民时代遗留下来的东西并没有被立即取消,惠灵顿纪念碑在《守灵夜》中被持续放大。然而,我们反对抓住历史不放,而应该平衡本书开头的第三、第四个特点:建设者和埋葬在都柏林或爱尔兰地下的巨人们,都将自始至终地不断出现。首先是与爱尔兰首都的建立和建设有关,也与有关国计民生的重建想法有关。像布雷克的爱尔兰一样,第二个是丧失的掩埋的形象,与国家可能的概念完全不同。当然,没有一个形象是完全不涉及过去的,但两者都意味着其创造性的赎回,都代表了思考"缪斯馆"里爱尔兰历史的不同方式。

四个游荡在《守灵夜》中的类似"马马路约"[1]中的"人物"，代表了思索爱尔兰过去的另外一种方式。显然，他们是为了使我们想到福音，但乔伊斯的"一口气喝光四瓶啤酒者"也是"鸡奸者"。（《芬尼根的守灵夜》，95.27）这里主要参考《爱尔兰编年史》，它是在17世纪爱尔兰灾难性失败之前，盖尔土著文化的最后一个伟大的历史功绩。因此在许多爱尔兰人看来，他们都笼罩在忧郁中。然而在19世纪，它们被英裔爱尔兰文物研究者占为己有。乔伊斯使得"马马路约"听起来既像盖尔的历史学家，也像圣三一学院的教授，乔伊斯也使他们滑稽而健忘，话语重复、吹嘘、矛盾、不准确，甚至错误百出。实际上，他们是滑稽历史的一个实例。通过滑稽模仿，甚至有意平凡化"马马路约"，乔伊斯减轻了爱尔兰历史的负担。

我绝非穷尽了乔伊斯在《守灵夜》中所有对待爱尔兰历史的策略。神秘的信是另一种策略，它在一定程度上是反抗的表达，正如其出处（美国马萨诸塞州波士顿）和收件人（英国国王）所指出的。但在书中，它也是在大规模破坏之后寄出的、从过去发往未来的一封信函。一次又一次，乔伊斯都回到同样的问题上：书写历史还是重写历史，接受历史还是抗拒历史。当然，濒于险境的帝国不止一个，正如在穆克思和格里派斯的寓言中，《守灵夜》不断地合并教会和国家权力，它还承认在新爱尔兰中，如果不是加深了，也是延续了两者之间亲密的共谋。

---

[1] 《圣经》四福音书的作者马修、马可、路加、约翰的缩写。——译注

"原谅审讯,出于配额的原因吗?它是达·瓦劳日穆的基督的手推印刷滚筒。"(《芬尼根的守灵夜》,342.10—11)因此,在爱尔兰的想象中,教会根深蒂固的影响是一个普遍的主题,特别是罪的概念。当《守灵夜》不断地返回暴力和压迫的历史,它也关注罪恶、谣言、八卦、指责、开脱、诫命和禁令。对于幸运堕落的学说,就是高兴地接受得体的恶,乔伊斯严肃且非常深刻地反对,尤其是当它为了善的学说。

幸运堕落的想法对于《守灵夜》的政治、道德和历史思想具有重要意义,然而,自由政府或德瓦勒拉的爱尔兰将很难瞥见它的智慧。乔伊斯也是部分地在关注这个新的爱尔兰问题,真的有可能吗?它甚至是令人满意的吗?如果是其中一个,或者两者皆有,那是在多大程度上,又是在什么情况下?这本书最后一节的开头是在黎明时分,这被称为"胡说"的爱尔兰经典政治比喻。它处处体现在爱尔兰自由邦的第一个15年,或者,乔伊斯在其他地方称之为"魔鬼时代"(《芬尼根的守灵夜》,473.8)

> 起义吧!伊厄威克向着整个血性的世界喊到。集合!集合!集合!……烟雾升起……阳光不错……索姆啊,滚开!(《芬尼根的守灵夜》,593.2—9)

爱尔兰向整个可鄙的世界(和整个都柏林)发出召集令,与之回应的是爱国者的誓言("我们自立!")。然而,很快越来越具讽刺意味的是，新爱尔兰也许把自己设想为是自营的、独立的、纯粹的。(凯尔特人的苏格兰短裙赶走了芬尼根的亲戚朋友。《芬尼根的守灵夜》，594.3—4）然而，《守灵夜》对此进行了激烈的讽刺。盖尔民族的思想是后视的、逆行的和狭隘民族主义的，在任何情况下，德瓦勒拉那具有浓重的天主教痕迹的宪法，散发着独特的英国臭味，如乔伊斯在39篇文章中调皮指出的。继发事件也混合着杂有英国广告的民族主义口号，暗示不断地体现在商业上，在一定程度上甚至是在思想上的、更大的（巨大）权力主导。新爱尔兰越发展，似乎也越渐渐滑向昨日的爱尔兰。

　　这体现在对闪和肖恩这对兄弟的"人物"处理上。乔伊斯将闪与自己联系起来，如艺术、创意、性趣、活力、笑声或"欢乐"、债务和饮酒。闪是流亡的或逃离爱尔兰的爱尔兰人，他倾向于持有激烈的批判，虽然有时是轻松的，特别是在《芬尼根的守灵夜》第一章第七节中。最重要的是，肖恩是在爱尔兰的爱尔兰人，他具有资产阶级的美德——勤勉、严肃、克己、禁欲和节俭。经历或好或坏的职业生涯后，他最终被召唤回新爱尔兰当了首领，只是迅速地（如果用乔伊斯矛盾的词）将之变成了一个天主教和本土主义的胜利：

　　　　肃静！肃静了！肃静了！！高卢人的首领，臭名昭著！在爱尔兰自由邦四处传播，我就是我！到处是对外国人的警告。
　　（《芬尼根的守灵夜》，604.22—24）

作为街头公告员、教皇的首席使者、高卢人（凯尔特人）和高尔人（外国人）的大主教，肖恩宣布成立一个"爱尔兰自由邦"，这听起来具有令人担忧的一维性。

《守灵夜》不断地围绕着从历史模式中逃脱和反复的问题，它用许多不同的和微妙的方式来对待这些问题。乔伊斯对历史反复的理论感兴趣，这毫不奇怪，这与乔瓦尼·巴蒂斯塔·维柯（Giambattista Vico）对历史的阐述很有关系。（《新科学》，1725年）他认为人类进化就是周期性的循环波折。然而，维柯是一个君主主义者，他热衷于帝国的思想，因此他的许多思想并没有完全被乔伊斯认真对待。叶芝也是很重要的一位，他1926年在《想象》（Vision）中发表了自己的历史循环理论，在整个20世纪20年代到30年代间，他开始越来越多地致力于这种理论。然而，叶芝的思想是追溯和怀旧的，是当前主导文化和想象的过去史诗的结合。因此，"循环"告诉我们，例如，"更伟大更高尚的时代已经一去不复返了"，但是"万物"将依旧运行在这陈旧的循环中。[1] 叶芝的"想象"越来越保守，乔伊斯用天主教的选择反击叶芝历史循环的想象，但他用戏谑揶揄的态度表达了这种取舍。这样的表述，让他去探索历史重复的想法，不是作为对目前失望的安慰，而是作为一个极其复杂和困难的问题。在《芬尼根的守灵夜》中，重复的问题与前进的问题携手并进。

---

[1] 《叶芝诗歌》，411页。

《芬尼根的守灵夜》的标题如果具有一个以上的意义，那么乔伊斯的临时题目《正在进行的工作》也是这样，它既是一项劳动，也是对当代爱尔兰前进原因的研究。同时，乔伊斯在创作一种文化历史，一个对新"独立"的爱尔兰的复杂解释，并就其未来的可能性给予反映。《芬尼根的守灵夜》敏锐地意识到，历史上的大英帝国会在多大程度上继续出现在爱尔兰，并对其施加影响，虽然爱尔兰宣称已经逃脱了它的控制，新的自由是理论层面的，并非现实的。但是如果《守灵夜》意识到独立后爱尔兰的问题，乔伊斯也强烈意识到其历史的根源。事实上，它是由两个大小相等、方向相反的力量驱动的：抵制爱尔兰历史从而克服它的力量，和与之妥协后顺从并接受它的力量。一方面，殖民地的经历是意义深远和根深蒂固的；另一方面，《守灵夜》处处通过混杂来改变殖民传统，而非将其消除。因此，它同时探讨爱尔兰独立的可能性和限制性。像《尤利西斯》一样，它是一部解放的作品，但却是一种令人怀疑和违反常理的解放，它坚持逃避重复的历史模式，同时又处处暗示本身无法逃脱。

　　这也反映在他对语言的处理上。布伦达·马多克斯（Brenda Maddox）建议说，"乔伊斯创建的通用语言，是真正的、带有外国风格和浓重爱尔兰口音的英语"。[1] 当然，《守灵夜》的语言不是一种通用语言，如世界语或沃拉普克语，它是英语，但被篡改得面目全非。

---

[1] 马多克斯：《娜拉》，435页。

1932年2月,乔伊斯还是将英国和爱尔兰一起称为"公牛的岛屿"。他告诉艾略特,谁也不能"对我发号施令写什么和如何写。"(《詹姆斯·乔伊斯》修订版,653页)他声称:"我反抗英语习俗、文学等,这是我写作的主要来源。"[1]他告诉奥古斯特·苏特尔(August Suter):"我是英语的终结者。"(同上书,546页)他多次提到将《守灵夜》视为对英国的斗争。"当我完成时,我不知道语言看起来会像什么。"他说:"不过,既然已经宣战,我会将战争继续。即便有再坏的结果也要坚持到底。"(同上书,581页)。在《守灵夜》中,他写下了自己的愿望:"从地球的表面消除掉所有英语文化圈的幽灵,以便重塑纯粹的爱尔兰语。"(《芬尼根的守灵夜》,178.6—7)在美国赢得《尤利西斯》淫秽案的审判中,他谈到将迫使"会讲英语的世界"投降。(《詹姆斯·乔伊斯》修订版,667页)1936年,当英国版《尤利西斯》终于如期出版时,他说:"现在我和英国之间的战争已经结束了,而我是征服者。"(同上书,693页)毫无疑问,他很明确这一过程,不久之后这一点也在同年的《修改法案》中得到证实,即当时的爱尔兰宪法将完全取消英国王室和总督的内容。从爱尔兰自由邦到爱尔兰,以致后来的爱尔兰共和国,这标志着一个过渡。

《守灵夜》中的语言实践离不开乔伊斯的文化战争宣言。他在与征服者的斗争中反败为胜,亵渎了他们最宝贵的圣地之一,在他们的

---

[1] 阿瑟·帕尔:《我们知道的乔伊斯》,尤立科·康纳编,科克,1967年,107页。

圣地用不同的方式尽情涂鸦。然而，乔伊斯越多地宣称他与英国的斗争，也就越多地表明他与英国延续的联系。他本人敏锐地意识到这个悖论，如同语言问题一样，《守灵夜》也在全面地关注这一问题。因此事实上，激进的对抗与激进的接受是并存的，这显而易见，首先体现在这本书最重要的女性形象安娜·利维娅·普鲁拉博勒的身上。她既是一个女人，也是利菲河，《守灵夜》以她结束是恰如其分的，她是这本书开篇世界战争的对立面，她不破坏东西，而是黏合与重组它们。她是"阿玛兹福沃"（Allmahziful），一个"多数派的使者"，（《芬尼根的守灵夜》，104.1—2）代表着爱尔兰的官方政治文化形象。在一个相对男性化的世界里，乔伊斯往往让妇女处于非常边缘的位置，但在《尤利西斯》中程度稍轻些，可是到了最后，在面向未来时，他将一个女人带到了舞台前面。安娜·利维娅原谅了她丈夫的罪，然而，她的态度里不仅仅有丝丝的矛盾情绪，她也不仅仅是一个长期受苦的宽容的妻子，乔伊斯认为她大度慷慨。从亚里士多德开始，西方古典传统将这种品质给予某种男人；与此相反，乔伊斯越来越认为这种品质属于普通人和女性。安娜特别引人注目，作为爱尔兰文化在20世纪20年代及30年代的替代形象，这个时代真正的爱尔兰妇女，正在遭受基于性别的法律的恶劣压迫。

然而最后，重要的是要注意到她在闭幕式上的独白，安娜想象她访问了霍斯伯爵：

你说什么，我们可能要拜访老领主？我觉得，他是一个不错的朋友，是霍斯伯爵，为了一个新的纪元，他的门总是开着的……伙计，记着摘掉你的白色帽子啊！当我们来到他面前，说嗨，阿莫里凯！他就是老领主，我也会随口说出，谢谢啊，彻特西！（《芬尼根的守灵夜》，623.4—11）

霍斯第一伯爵（本身的含义是一个"特别古老的海角"）是诺曼底人冒险家阿玛瑞·崔斯特瑞姆（Amory Tristram），他是《守灵夜》中比较重要的人物。在12世纪，英国开始征服爱尔兰，他是第一批被授予爱尔兰土地的外国人之一。安娜放任而有些冷漠地想象着"老领主"（甚至上议院），最后，她必须与他的邻居处好关系，尽管他可能是世袭的长期敌人。

结　语

在1980年，贝克特最后对乔伊斯进行精彩的赞美：

> 我非常高兴能有这个机会，当我尚在世时，对他英雄的作品和英雄的品格，再次深深地致敬。[1]

虽然贝克特的礼节非常到位，但他为什么选择"英雄"这个词呢？很难想象出一个比贝克特更反对英雄的现代作家。而且，乔伊斯和他一样厌恶英雄。可是贝克特在遣词造句上一向格外谨慎，在这儿他也不可能不这样做。

我们的文化不屑于英雄主义的观点，当然对知识分子的英雄主义也并不感冒，我们更喜欢名人。在民主的氛围中，"名人"这个词比"英雄"更适合，任何人都可以成为名人，所不同的是可能有的人被

---

[1] 德克兰·凯伯德：《夸张的粗俗话》，见苏黑尔·巴迪·布西礼和伯纳德·本斯道克编，带有理查德·埃尔曼的前言：《詹姆斯·乔伊斯，一个全球的视角：德斯蒙特·科克兰勋爵后期的文章》，吉拉德·克劳斯，1982年，7页。

詹姆斯·乔伊斯的雕像,格拉夫顿街,都柏林,1994年。

吹捧,有的人因被抨击而出名。英雄的麻烦在于他们往往挥之不去,沉重得如同"世人头脑里的噩梦",[1] 乔伊斯非常清楚这一点。如果有一个英雄称得上名人,他可能是"己所不欲,勿施于人"。这种英雄主义在追求史诗的灵感或目的上,得到典型地体现。男女英雄成为了比自己更为重大的原则的载体。他或她是话筒,而非演讲者。

---

[1] 这个句子来自马克思,见卡尔·马克思:《18世纪路易斯·巴拿马的雾月政变》,伦敦,1984年,10页。

毫无疑问，在某些方面，乔伊斯是自恋、自负和自私的。然而，他告诉克劳德·赛克斯说："爱尔兰的安全要比英语史诗更重要。"(《詹姆斯·乔伊斯》修订版，423页），由此可见，他确切地知道他要做什么，那是多么重要！在《尤利西斯》中，教授麦克雨果（McHugh）评论说，"现在地中海的主人是农民"。(《尤利西斯》，7.911) 有人可能会认为这几乎是乔伊斯式的文章。乔伊斯的任务是改造一种历史模式，在如果不能扭转它的情况下。在这种模式里的两种相邻文化中，一种文化产生了巨大和重要的影响，但却以另一种文化的巨大代价为前提。他警醒地接受了这个任务，也充分意识到其如迷宫般复杂。在这个过程中，他创作了足以比肩那些最伟大的英语作家的作品，这些作品在欧洲经典的神殿里将永垂不朽。

乔伊斯年表

1882年　2月2日，詹姆斯·奥古斯丁·乔伊斯诞生，他是约翰·斯坦尼斯劳斯·乔伊斯和玛丽·简（"梅耶"）幸存的孩子中年龄最大的一位。老乔伊斯在都柏林的拉斯加。帕乃尔被释放。关于腓特烈·卡文迪什侯爵和T.H.伯克侯爵的"凤凰公园谋杀案"。

1884年　"盖尔人运动协会"成立。詹姆斯的弟弟斯坦尼斯劳斯出生。

1886年　《格莱斯顿自治法案》失败。

1887年　约翰·斯坦尼斯劳斯搬家到布雷。

1888年　詹姆斯在基尔代尔郡的克朗高士森林公学登记入学。

1889年　奥谢上尉向法庭提出了和他妻子凯瑟琳离婚的申请，理由是她和帕乃尔通奸。

1890年　帕乃尔被剥夺了爱尔兰自治党领导人的职位。

1891年　詹姆斯被迫离开了克朗高士森林公学。约翰·斯坦尼斯劳斯失去了税收员的职位。帕乃尔去世。詹姆斯发表了"希利，你也这样！"，内容是关于爱尔兰对帕乃尔的背叛。

1892年　约翰·斯坦尼斯劳斯一家搬到布莱克罗克，然后搬到都柏林市中心。"民族文学社"在爱尔兰成立。

1893年　孩子们被暂时送到基督教兄弟学校，然后詹姆斯和斯坦尼斯劳斯进入贝尔弗迪尔学校。乔伊斯家最后一个孩子出生，全家达到十口人。"盖尔联盟"成立。叶芝发表了《玫瑰》和《凯尔特的薄暮》。

1894年　英国首相格莱斯顿辞职。"爱尔兰工会代表大会"成立。约翰·斯坦尼斯劳斯处理掉了在科克的最后财产。全家搬到德拉姆昆德拉，然后又搬到北都柏林的里士满街。

1895年　英国保守党政府在选举中获胜，索尔兹伯里勋爵被选为总理。

1896年　康诺利创立了"爱尔兰社会主义共和党"。

1898年　《爱尔兰地方政府法》开始设立县、区议会选举。乔伊斯发表了第一篇评论。他离开了贝尔弗迪尔学校，进入皇家大学（现在的都柏林大学）。

1899年　叶芝发表了《苇间风》。"爱尔兰文学剧场"第一部作品产生。乔伊斯出席了叶芝《凯瑟琳女伯爵》的首次公演，并拒绝在抗议它的信件上签字。

1900年　D. P. 莫兰创立《领导者》。乔伊斯在"大学文史协会"上宣讲了论文《戏剧和人生》。写了关于易卜生的评论，并发表在《双周评论》上。也写散文及韵文戏剧、诗歌和"显形篇"。

1901年　创作了《暴动日》，抨击"爱尔兰文学剧场"，爱德华七世登上王位。

1902年　离开大学，在皇家医学院注册入学。写了评论曼根的文章。在都柏林《每日快讯》发表评论。于12月1日离开柏林前往巴黎。

1903年　因为母亲生病返回都柏林。8月3日母亲去世。继续写评论。独立的"奥兰基社团"成立。《温德姆土地法》颁布。朗沃斯因为乔伊斯为《每日快讯》写评论而解雇他。

1904年　写下了论文《青年艺术家的画像》，并发表了三篇故事，之后收入《都柏林人》。开始写作《英雄斯蒂芬》。撰写和发表了诗歌，后来结集为《室内音乐》。离开家乡，到道尔盖的克利夫顿学院任教。与奥利弗·圣约翰·戈加蒂在爱尔兰的马泰楼碉堡度过了一周。6月10日第一次遇到娜拉·巴纳克尔。6月16日第一次和她外出散步。10月8日与娜拉离开都柏林，首先到苏黎世，然后获得普拉的贝利兹学校的职位。

1905年　"阿尔斯特联合主义者委员会"成立。乔伊斯和娜拉搬到的里雅斯特。儿子乔治出生。斯坦尼斯劳斯前往的里亚斯特。把《室内音乐》交给了出版商。把《都柏林人》交给了格兰特·理查兹。

1906年 在罗马银行找到职位,全家搬到罗马。阿瑟·格里菲斯创立了新芬党。理查兹撤销了《都柏林人》的出版协议。乔伊斯开始写作《死者》。写作《尤利西斯》的第一个火花诞生。

1907年 家人返回的里雅斯特。乔伊斯为伊拉·皮科洛·黛拉·瑟拉写了三篇关于爱尔兰的文章。在的里亚斯特的波波罗大学做了关于《圣哲之岛爱尔兰》的演讲。眼睛第一次开始出现问题。《室内音乐》发表。女儿露西亚诞生。开始写作《英雄斯蒂芬》,后来改为《青年艺术家的画像》。完成了《死者》。

1909年 将《都柏林人》寄到默恩塞尔公司,后与他们签署了合同。带着乔治去了都柏林和盖尔威。与妹妹伊娃和乔治先回到的里雅斯特,然后再返回都柏林。在都柏林开设了沃尔特电影院。

1910年 与妹妹艾琳返回的里雅斯特。沃尔特电影院倒闭。乔治五世登上王位。《都柏林人》的出版被推迟。

1911年 与乔治·罗伯茨为《都柏林人》而争吵。乔伊斯写了公开的投诉信,在《新芬》上发表。

1912年 《民族自治第三法案》在下议院开始讨论。联合主义者对它的抵抗在阿尔斯特和大不列颠蔓延。乔伊斯在波波罗大学演讲。为伊拉·皮科洛·黛拉·瑟拉写了《帕乃尔的影子》。先是娜拉和露西亚,然后是乔伊斯和乔治分别回到爱尔兰。与罗伯茨的谈判失败。乔伊斯发表了含沙射影的讽刺诗《火口喷出来的瓦斯》。

1913年　《民族自治法案》失败。"阿尔斯特志愿者"成立。"公民军队"和"爱尔兰志愿者"成立。乔伊斯继续在波波罗大学演讲。埃兹拉·庞德和他取得了联系。

1914年　寄给庞德《都柏林人》和《画像》的第一章。庞德开始在《个人主义者》上连载。格兰特·理查兹出版了《都柏林人》。乔伊斯完成了《画像》，开始写《贾科莫·乔伊斯》。第一次世界大战开始。约翰·雷德蒙承诺爱尔兰在战争中支持英国。乔伊斯开始写作《流亡者》和《尤利西斯》。

1915年　斯坦尼斯劳斯被逮捕并拘禁在奥地利拘留中心。完成《流亡者》。全家搬到苏黎世。

1916年　在都柏林发生了复活节起义。反政府武装领导人被处决。《都柏林人》和《画像》在纽约出版。

1917年　《画像》在英格兰出版。乔伊斯饱受眼疾之痛，做了第一次眼科手术。哈里特·肖·韦弗开始资助乔伊斯。德瓦勒拉当选为新芬党总统。

1918年　《尤利西斯》在纽约的《小评论》上连载。《兵役法》威胁爱尔兰的征兵制度。格兰特·理查兹出版了《流亡者》。在苏黎世成立了"英语演员剧团"。乔伊斯与亨利·卡尔吵架。停战协定签署。新芬党在爱尔兰选举中获得大部分席位。

1919年　英爱战争爆发。德瓦勒拉当选爱尔兰国会下议院总统。《个人主义者》出版了《尤利西斯》前四章的编辑版。《流亡者》在慕尼黑上演。乔伊斯家人返回的里雅斯特。爱尔兰国会下议院被宣布为非法。

1920年　乔伊斯全家搬到巴黎。乔伊斯见到了埃兹拉·庞德、西尔维亚·碧斯、瓦列里·拉巴德、T.S.艾略特和温德姆·刘易斯。《小评论》最后连载的《尤利西斯》（第十四章第一部分）出版。

1921年　《小评论》被定为淫秽刊物，停止发行。西尔维亚·碧斯提议出版《尤利西斯》，乔伊斯同意。爱尔兰共和军和英国军队停战。《尤利西斯》完成。《英爱停战条约》签署。

1922年　爱尔兰国会下议院批准《英爱停战条约》。格里菲斯当选主席。《尤利西斯》出版。爱尔兰内战爆发。娜拉、乔治和露西亚到达爱尔兰，然后返回巴黎。全家到了英国。乔伊斯见到了哈里特·肖·韦弗。全家返回巴黎。科斯格雷夫当选为下议院总统。

1923年　开始写作《正在进行的工作》。爱尔兰内战结束。德瓦莱拉下令暂停共和国运动。

1924年　在《大西洋两岸评论》发表《正在进行的工作》的第一部分。

1925年　禁止《离婚法》在爱尔兰自由邦实行。

1926年　德瓦莱拉创立了共和党。

1927年　连载的《正在进行的工作》在《转变》上发表。《一便士一首的诗》出版。

1929年　《检查法案》在爱尔兰通过成为法律。

1930年　乔治和海伦·弗雷彻曼结婚。

1931年　詹姆斯和娜拉在伦敦结婚。约翰·斯坦尼斯劳斯去世。"自由爱尔兰"成立。

1932年　乔治和海伦·乔伊斯的儿子斯蒂芬出生。爱尔兰共和党赢得大选。露西亚第一次崩溃。

1933年　露西亚在苏黎世附近住院。修订法案削减了英国王室在爱尔兰的权力。

1934年　兰登书屋出版了美国版的《尤利西斯》。露西亚再次住院,并在卡尔·荣格处接受护理。

1935年　避孕药在爱尔兰被定为非法。

1936年　牛津大学图书馆在伦敦出版了《尤利西斯》。修正法案将有关英国王室和总督的内容从爱尔兰宪法中删除。

1937年　德瓦莱拉的新宪法被批准。

1938年　海伦·乔伊斯遭受精神崩溃的痛苦。乔伊斯完成了《芬尼根的守灵夜》。道格拉斯·海德成为爱尔兰第一任总统。

1939年 叶芝去世。《芬尼根的守灵夜》在伦敦和纽约发表。第二次世界大战开始,爱尔兰宣布中立。乔伊斯离开巴黎前往维希附近的圣·格兰特·勒·普易。

1940年 法国向德国投降。乔伊斯一家搬到苏黎世。

1941年 乔伊斯去世。安葬在苏黎世的福伦特恩墓地,未举行最终的祈祷仪式。

参考文献精选

作品

1. 《批评和政治作品杂集》，凯文·巴里编，带有康纳·迪恩从意大利语而来的翻译，牛津，2000。
2. 《诗歌和短篇作品集》，包括《显形篇》、《加科莫·乔伊斯》和《青年艺术家的画像》，理查德·埃尔曼、A.沃尔特·利茨、约翰·惠迪尔·弗格森编，伦敦，1991。
3. 《都柏林人》，罗伯特·斯科尔斯带有注释的校正版，伦敦，1967。
4. 《英雄斯蒂芬》，西奥多·斯宾塞修订本，带有约翰·J.斯洛克姆和赫伯特·卡胡恩的前言，伦敦，1956。
5. 《青年艺术家的画像》，切斯特·G.安德森利用都柏林全息照相术最终校订本，理查德·埃尔曼编，伦敦，1968。
6. 《流亡者》，带有作者自己的注释和介绍，帕德莱克·科勒姆，哈蒙兹沃斯，1973。

7.《尤利西斯》，汉斯·沃尔特·加布勒、沃尔夫哈德·斯特波、克劳斯·梅尔基奥编，迈克尔·葛罗登撰写后记，纽约和伦敦，1984，1986。

8.《芬尼根的守灵夜》，第三版，伦敦，1964。

9.《乔伊斯书信选》，第一卷，斯图尔特·基尔伯特编，伦敦，1957；第二、三卷，理查德·埃尔曼编，伦敦，1966。

10.《书信选》，理查德·埃尔曼编，伦敦，1975。

精选的传记和批评

1. R.M.亚当斯：《表面和象征：詹姆斯·乔伊斯的〈尤利西斯〉的一致性》，纽约，1962。

2. 詹姆斯·S.阿瑟通：《觉醒中的书：对詹姆斯·乔伊斯〈芬尼根的守灵夜〉中的文学暗指的研究》(修订本)，纽约马马罗内克，1974。

3. 德里克·阿特里奇：《乔伊斯剑桥指南》，剑桥，2004。

4. 德里克·阿特里奇：《乔伊斯的影响：语言、理论和历史》，剑桥，2000。

5. 德里克·阿特里奇、丹尼尔·费勒编：《后结构主义者乔伊斯：法国文学批评选》，剑桥，1984。

6. 德里克·阿特里奇、马乔里·豪维斯编：《半殖民的乔伊斯》，剑桥，2000。

7. 约翰主教：《〈芬尼根的守灵夜〉：乔伊斯的黑暗之书》，威斯康星麦迪逊，1986。

8. 露西亚·波尔德里尼：《文学关系中的乔伊斯、但丁和诗学》，剑桥，2001。

9. 约瑟夫·布鲁克：《乔伊斯的批评：阅读和文化中的转变》，威斯康星麦迪逊，2004。

10. 理查德·布朗:《詹姆斯·乔伊斯:一个后文化主义者的视角》,伦敦,1992。

11. 理查德·布朗:《詹姆斯·乔伊斯和性》,剑桥,1985。

12. 特伦斯·布朗编:《都柏林人》,带有特伦斯·布朗的介绍和注释,伦敦,1992,7—44页。

13. 弗兰克·哈特:《詹姆斯·乔伊斯和〈尤利西斯〉的创作》,带有克莱夫·哈特的介绍,牛津,1972。

14. 格雷戈里·卡斯特勒:《现代主义和凯尔特的复兴》,剑桥,2001。

15. 格雷戈里·卡斯特勒:《被剥夺的可能性:詹姆斯·乔伊斯〈尤利西斯〉的批评史》,见《20世纪文学》,xxxix/3, 1993, 306—328页。

16. 格雷戈里·卡斯特勒:《我几乎做到了:〈普罗米修斯〉中的历史、自然和意志力》,见《乔伊斯月刊》,xxxix/2, 1992年,281—296页。

17. 文森特.J.程:《乔伊斯、种族和帝国》,剑桥,1995。

18. 文森特.J.程、蒂莫西·马丁编:《语境中的乔伊斯》,剑桥,1992。

19. 帕德莱克·科勒姆、玛丽:《我们的朋友詹姆斯·乔伊斯》,伦敦,1959。

20. 彼得·科斯特罗:《詹姆斯·乔伊斯、〈尤利西斯〉和妇产科医院》,见托尼·法玛尔:《1894—1994年霍尔斯街道的国立妇产科医院百年史》,都柏林,1994,208—216页。

21. 彼得·科斯特罗:《詹姆斯·乔伊斯:在1882—1915年的成长》,伦敦,1992。

22. 伦索·格力威利:《詹姆斯·乔伊斯:的里亚斯特的路线》,的里亚斯特,1996。

23. 尼尔·R.戴维森:《詹姆斯·乔伊斯、〈尤利西斯〉和犹太身份的建构》,剑桥,1996。

24. 谢默思·迪恩编:《青年艺术家的画像》,带有谢默思·迪恩的序言和注释,伦敦,1992,7—43页。

25. 谢默思·迪恩:《带有马太·马诺德的面具:乔伊斯和自由主义》,见莫里斯·贝沙、菲利普·F.赫琳、莫里斯·哈蒙、大卫·诺里斯编:《乔伊斯纪念专题论文集》,伊利诺斯州乌尔班纳,1986,9—21页。

26. 谢默思·迪恩:《乔伊斯和斯蒂芬:地方的知识分子》,见《凯尔特人的复兴》,伦敦,1985,75—91页。

27. 谢默思·迪恩:《乔伊斯和民族主义》,见《凯尔特人的复兴》,伦敦,1985,92—107页。

28. 文森特·迪恩、丹尼尔·费勒、吉尔特编:《〈芬尼根的守灵夜〉的水牛手册》,带有文森特·迪恩的介绍和卢卡·克瑞斯皮的书目描述,图恩豪特,2001。

29. 罗伯特·H.戴明:《批评的传统》,二卷本,伦敦,1970。

30. 恩达·达菲:《体制外的尤利西斯》,伦敦和明尼阿波利斯市,1994。

31. 玛丽安·艾德:《伦理学上的乔伊斯》,剑桥,2002。

32. 理查德·埃尔曼:《詹姆斯·乔伊斯》,修订版,牛津,1982。

33. 理查德·埃尔曼:《乔伊斯的意识》,伦敦,1977。

34. 理查德·埃尔曼:《利菲河上的尤利西斯》,伦敦,1972。

35. 威廉·燕卜荪:《乔伊斯的意图:使用自传》,伦敦,1984,203—216页。

36. 詹姆斯·费尔霍尔:《詹姆斯·乔伊斯和历史中的疑问》,剑桥,1993。

37. 安德鲁·吉布森：《乔伊斯的复仇：〈尤利西斯〉中的历史、政治和美学》，牛津，2002。

38. 安德鲁·吉布森和伦恩·普拉特编：《乔伊斯、爱尔兰和大不列颠》。（待刊）注：现已出版，佛罗里达大学出版社，2006。

39. 唐·吉福特《乔伊斯》，带有《都柏林人》和《青年艺术家的画像》的注释，加利福尼亚的伯克利和洛杉矶，1982。

40. 唐·吉福特和罗伯特·J.塞德曼：《尤利西斯》，带有詹姆斯·乔伊斯的注释，修订版，加利福尼亚的伯克利，1988。

41. 斯图尔特·吉伯特：《詹姆斯·乔伊斯的〈尤利西斯〉研究》，伦敦，1930。

42. 迈克尔·吉莱斯皮：《詹姆斯·乔伊斯的里亚斯特图书馆：达克萨斯大学奥斯丁分校的哈利·兰塞姆人文研究中资料分类》，在埃里克·布拉德福特的帮助下编写，德克萨斯奥斯丁，1986。

43. 迈克尔·吉莱斯皮：《错误排放的颠倒的卷册：詹姆斯·乔伊斯和他的的里亚斯特图书馆》，密歇根州安阿伯市，1983。

44. 迈克尔·葛罗登：《进行中的〈尤利西斯〉》，新泽西普林斯顿，1977。

45. 克里夫·哈特、大卫·海曼编：《詹姆斯·乔伊斯的〈尤利西斯〉》，加利福尼亚伯克利，1974。

46. 大卫·海曼：《转变中的〈觉醒〉》，纽约伊萨卡，1990。

47. 谢莉尔·海尔：《乔伊斯对文化的解剖》，伊利诺斯州乌尔班纳，1987。

48. 菲利普·F. 赫琳：《乔伊斯的不确定原则》，新泽西普林斯顿，1987。

49. 菲利普·F. 赫琳：《乔伊斯的〈尤利西斯〉的注释和早期草稿》，选自水牛搜集，弗吉尼亚州夏洛茨维尔，1977。

50. 菲利普·F.赫琳：《乔伊斯的〈尤利西斯〉在大英博物馆的注释页》，弗吉尼亚州夏洛茨维尔，1972。

51. 托马斯·C.霍夫海因茨：《乔伊斯和爱尔兰历史的发明：上下文中的〈芬尼根的守灵夜〉》，剑桥，1995。

52. 参阅约翰·怀士·杰克森，彼得·科斯特罗：《约翰·斯坦尼斯劳斯·乔伊斯：多产的和天才的詹姆斯·乔伊斯的父亲》，伦敦，1997。

53. 罗伯特·雅努斯可：《詹姆斯·乔伊斯〈牛〉中的来源和解构》，密歇根州安阿伯市，1983。

54. 休·肯纳：《尤利西斯》，伦敦，1982。

55. 休·肯纳：《乔伊斯的声音》，伦敦，1978。

56. 休·肯纳：《都柏林的乔伊斯》，伦敦，1955。

57. 德克兰·凯伯德：《创造爱尔兰》，伦敦，1955。

58. 德克兰·凯伯德：《尤利西斯》，带有德克兰·凯伯德的注释和说明，伦敦，1992，9—13页。

59. 德克兰·凯伯德：《夸张的粗俗话》，见苏黑尔·巴迪·布西礼和伯纳德·本斯道克编，带有理查德·埃尔曼的前言：《詹姆斯·乔伊斯，一个全球的视角：德斯蒙特·科克兰勋爵后期的文章》，吉拉德·克劳斯，1982，156—169页。

60. 乌达亚·库马尔：《乔伊斯的迷宫：〈尤利西斯〉中的重复、时间和传统》，牛津，1991。

61. 卡伦·劳伦斯：《〈尤利西斯〉中的〈奥德赛〉风格》，新泽西普林斯顿，1981。

62. 哥特·雷尔诺特、维姆·范·米尔诺编:《詹姆斯·乔伊斯在欧洲的接受》,二卷,伦敦和纽约,2004。

63. 玛丽·劳氏–易万思:《反对多产的罪恶:乔伊斯和人口控制》,新泽西锡拉库扎,1989。

64. J. B. 里昂:《乔伊斯和医药》,都柏林,1973。

65. 布伦达·马多克斯:《娜拉传记》,伦敦,1988。

66. 科林·麦凯布:《乔伊斯和单词革命》,第二版,伦敦,2003。

67. 引自约翰·麦考特:《昌盛之年:詹姆斯·乔伊斯在的里亚斯特,1904—1920》,都柏林,2001。

68. 伯纳德·麦金莱:《乔伊斯的生活:传记鬼的善用和滥用》,伦敦,1996。

69. 维姬·马哈菲:《主权的渴望:王尔德、叶芝、乔伊斯和爱尔兰的实验》,牛津,1998。

70. 多米尼克·曼根尼罗:《乔伊斯的政治》,伦敦,1980。

71. 斯蒂芬·莫里森:《詹姆斯·乔伊斯作品中的异教、异教徒和异教首领》,博士论文,伦敦大学,1999。

72. 凯瑟琳·穆林:《詹姆斯·乔伊斯、性和社会的纯洁》,剑桥,2003。

73. 艾勒·B.纳达尔:《乔伊斯和犹太人:文化和文本》,爱荷华州爱荷华市,1989。

74. 艾默·诺兰:《詹姆斯·乔伊斯和民族主义》,伦敦,1995。

75. 玛格特·诺里斯:《乔伊斯的网:对现代主义的社会学阐释》,德克萨斯州奥斯丁,1992。

76. 马克·欧斯汀:《〈尤利西斯〉中的经济:让两级相会》,纽约,1995。

77. 帕特里克·帕林德：《詹姆斯·乔伊斯》，剑桥，1984。

78. 查理斯·皮克：《詹姆斯·乔伊斯：公民和艺术家》，伦敦，1977。

79. 理查德·皮尔斯：《莫莉·布鲁姆：对〈佩内洛普〉和文化研究的多元对话》，威斯康星州麦迪逊，1994。

80. 伦恩·普拉特：《乔伊斯和英裔爱尔兰人：对乔伊斯和文化复兴的研究》，阿姆斯特丹和佐治亚州亚特兰大，1998。

81. 威拉德·波特：《乔伊斯和两个爱尔兰》，得克萨斯州奥斯丁，2001。

82. 威拉德·波特编，《流亡者中的艺术家的画像：欧洲人对詹姆斯·乔伊斯的搜集》，都柏林，1978。

83. 阿瑟·帕尔：《我们知道的乔伊斯》，尤立科·康纳编，科克，1967。

84. 拉贝特·让·米歇尔《詹姆斯·乔伊斯和自我主义政治》，剑桥，2001。

85. 玛丽莲·瑞兹鲍姆《詹姆斯·乔伊斯和犹太人的他者》，加利福尼亚斯坦福，1999。

86. 玛丽·T.雷诺尔德：《乔伊斯和但丁：形成的想象》，新泽西州普林斯顿，1981。

87. 让·保罗·里克尔梅：《乔伊斯小说中的叙述者和叙述：不定的视角》，马里兰州巴的摩，1983。

88. 丹尼斯·罗斯和约翰·欧汉伦：《理解〈芬尼根的守灵夜〉：对乔伊斯杰作的叙述的指导阅读》，纽约，1982。

89. 邦尼吉米·司各特：《乔伊斯和芬尼主义》，布莱顿，1984。

90. 弗里茨·塞恩：《归纳的详查：集中在乔伊斯》，克里斯丁·奥尼尔编，都柏林，1997。

91. 弗里茨·塞恩：《乔伊斯的语法变音》，见《乔伊斯时刻》，珍妮特·E.邓利维、梅尔文·J.弗里德曼和迈克尔·帕特里克·吉莱斯皮编：《密尔沃基詹姆斯·乔伊斯会议论文集》，特拉华州纽瓦克市，1991，171—194页。
92. 弗里茨·塞恩：《乔伊斯的去风格化：对翻译阅读的论文集》，约翰·保罗·里克尔梅编，马里兰州巴尔的摩和伦敦，1984。
93. 卡罗尔·石罗思：《露西亚·乔伊斯：觉醒中的舞蹈》，纽约，2003。
94. 罗伯特·思博：《詹姆斯·乔伊斯和语言史：迪达勒斯的梦魇》，牛津，1994。
95. 唐纳德·T.托奇亚那：《乔伊斯的〈都柏林人〉的背景》，马里兰州波士顿，1986。
96. 玛利亚·铁木志科：《爱尔兰的尤利西斯》，加利福尼亚州伯克利和洛杉矶，1994。
97. 约瑟夫·瓦伦特：《乔伊斯和正义的问题：性和殖民差异的谈判》，剑桥，1995。
98. 克里斯丁·范·波黑门：《乔伊斯、德里达、拉康和创伤史：阅读、叙述和后殖民史》，剑桥，1999。
99. 凯蒂·威尔士：《詹姆斯·乔伊斯的语言》，伦敦，1987。
100. G. J. 沃森：《〈尤利西斯〉中的政治》，见罗伯特·D.纽曼和威尔登·桑顿编：《乔伊斯的〈尤利西斯〉：更大的视角》，特拉华州纽瓦克市，1987，39—59页。

附英文参考文献精选

Works

1. *Occasional, Critical and Political Writing*, ed. Kevin Barry, with translations from the Italian by Conor Deane (Oxford, 2000)

2. *Poems and Shorter Writings, Including Epiphanies, 'Giacomo Joyce' and 'A Portrait of the Artist'*, ed. Richard Ellmann, A. Walton Litz and John Whittier-Ferguson (London, 1991)

3. *Dubliners*, the corrected text with an explanatory note by Robert Scholes (London, 1967)

4. *Stephen Hero*, ed. Theodore Spencer, revised edn with an additional foreword by John J. Slocum and Herbert Cahoon (London, 1956)

5. *A Portrait of the Artist as a Young Man*, the definitive text corrected from the Dublin holograph by Chester G. Anderson and edited by Richard Ellmann (London, 1968)

6. *Exiles*, with the author's own notes and an intro. by Padraic Colum (Harmondsworth, 1973)

7. *Ulysses*, ed. Hans Walter Gabler, with Wolfhard Steppe and Claus Melchior, afterword by Michael Groden (New York and London, 1984, 1986)

8. *Finnegans Wake* (3rd edn, London, 1964)

9. *Letters of James Joyce*, vol. i, ed. Stuart Gilbert (London, 1957); vols ii and iii, ed. Richard Ellmann (London, 1966)

10. *Selected Letters*, ed. Richard Ellmann (London, 1975)

Selected Biography and Criticism

1. Adams, R. M., *Surface and Symbol: The Consistency of James Joyce's 'Ulysses'* (New York, 1962)

2. Atherton, James S., *The Books at the 'Wake': A Study of Literary Allusions in James Joyce's 'Finnegans Wake'* (revd edn, Mamaroneck, ny, 1974)

3. Attridge, Derek, *The Cambridge Companion to Joyce* (Cambridge, 2004)

4. —, *Joyce Effects: On Language, Theory and History* (Cambridge, 2000)

5. — and Daniel Ferrer, eds, *Post-Structuralist Joyce: Essays from the French* (Cambridge, 1984)

6. — and Marjorie Howes, eds, *Semicolonial Joyce* (Cambridge, 2000)

7. Bishop, John, *Joyce's Book of the Dark: 'Finnegans Wake'* (Madison, wi, 1986)

8. Boldrini, Lucia, *Joyce, Dante and the Poetics of Literary Relations* (Cambridge, 2001)

9. Brooker, Joseph, *Joyce's Critics: Transitions in Reading and Culture* (Madison, wi, 2004)

10. Brown, Richard, *James Joyce: A Post-Culturalist Perspective* (London, 1992)

11. —, *James Joyce and Sexuality* (Cambridge, 1985)

12. Brown, Terence, 'Introduction', *Dubliners*, ed. with an intro. and notes by Terence Brown (London, 1992), pp. vii–xlix

13. Budgen, Frank, *James Joyce and the Making of 'Ulysses'*, with an intro. by Clive Hart (Oxford, 1972)

14. Castle, Gregory, *Modernism and the Celtic Revival* (Cambridge, 2001)

15. —, 'Ousted Possibilities: *Critical Histories in James Joyce's Ulysses*', Twentieth-Century Literature, xxxix/3 (Fall 1993), pp. 306–28

16. —, ' "I Am Almosting It": History, Nature and the Will to Power in "Proteus" ', *James Joyce Quarterly*, xxix/2 (Winter 1992), pp. 281–96

17. Cheng, Vincent J., *Joyce, Race and Empire* (Cambridge, 1995)

18. —, and Timothy Martin, eds, *Joyce in Context* (Cambridge, 1992)

19. Colum, Padraic and Mary, *Our Friend James Joyce* (London, 1959)

20. Costello, Peter, 'James Joyce, *Ulysses* and the National Maternity Hospital', in Tony Farmar, *Holles Street 1894–1994: The National Maternity Hospital – A Centenary History* (Dublin, 1994), pp. 208–16

21. —, *James Joyce: the Years of Growth, 1882—1915* (London, 1992)

22. Crivelli, Renzo S., *James Joyce: Triestine Itineraries* (Trieste, 1996)

23. Davison, Neil R., *James Joyce, 'Ulysses' and the Construction of Jewish Identity* (Cambridge, 1996)

24. Deane, Seamus, 'Introduction', *A Portrait of the Artist as a Young Man*, ed. with intro. and notes by Seamus Deane (London, 1992), pp. vii–xliii

25. —, ' "Masked with Matthew Arnold's Face": Joyce and Liberalism', in *James Joyce: The Centennial Symposium*, ed. Morris Beja, Phillip F. Herring, Maurice Harmon and David Norris (Urbana, il, 1986), pp. 9–21

26. —, 'Joyce and Stephen: the Provincial Intellectual', in *Celtic Revivals* (London, 1985), pp. 75–91
27. —, 'Joyce and Nationalism', in *Celtic Revivals*, pp. 92–107
28. Deane, Vincent, Daniel Ferrer and Gert Leernout, eds, *The Finnegans Wake Notebooks at Buffalo*, with an introduction by Vincent Deane and a bibliographic description by Luca Crispi (Turnhout, 2001–).
29. Deming, Robert H., *James Joyce: The Critical Heritage*, 2 vols (London, 1970)
30. Duffy, Enda, *The Subaltern* 'Ulysses' (London and Minneapolis, 1994)
31. Eide, Marian, *Ethical Joyce* (Cambridge, 2002)
32. Ellmann, Richard, *James Joyce* (revd edn, Oxford, 1982)
33. —, *The Consciousness of Joyce* (London, 1977)
34. —, *'Ulysses' on the Liffey* (London, 1972)
35. Empson, William, 'Joyce's Intentions', *Using Biography* (London, 1984), pp. 203–16
36. Fairhall, James, *James Joyce and the Question of History* (Cambridge, 1993)
37. Gibson, Andrew, *Joyce's Revenge: History, Politics and Aesthetics in 'Ulysses'* (Oxford, 2002)
38. — and Len Platt, eds, *Joyce, Ireland and Britain* (in preparation)
39. Gifford, Don, *Joyce Annotated: Notes for 'Dubliners' and 'A Portrait of the Artist as a Young Man'* (Berkeley and Los Angeles, ca, 1982)
40. —with Robert J. Seidman, *'Ulysses' Annotated: Notes for James Joyce's 'Ulysses'* (revised edn, Berkeley, ca, 1988)

41. Gilbert, Stuart, *James Joyce's 'Ulysses': A Study* (London, 1930)

42. Gillespie, Michael, *James Joyce's Trieste Library: A Catalogue of Materials at the Harry Ransom Humanities Research Center, University of Texas at Austin*, ed. with the assistance of Erik Bradford Stocker (Austin, tx, 1986)

43. —, *Inverted Volumes Improperly Arranged: James Joyce and his Trieste Library* (Ann Arbor, mi, 1983)

44. Groden, Michael, *'Ulysses' in Progress* (Princeton, nj, 1977)

45. Hart, Clive and David Hayman, eds, *James Joyce's 'Ulysses'* (Berkeley, ca, 1974)

46. Hayman, David, *The 'Wake' in Transit* (Ithaca, ny, 1990)

47. Herr, Cheryl, *Joyce's Anatomy of Culture* (Urbana, il, 1986)

48. Herring, Phillip F., *Joyce's Uncertainty Principle* (Princeton, nj, 1987)

49. —, ed., *Joyce's Notes and Early Drafts for 'Ulysses': Selections from the Buffalo Collection* (Charlottesville, va, 1977)

50. —, ed., *Joyce's 'Ulysses' Notesheets in the British Museum* (Charlottesville, va, 1972)

51. Hofheinz, Thomas C., *Joyce and the Invention of Irish History: 'Finnegans Wake' in Context* (Cambridge, 1995)

52. Jackson, John Wyse with Peter Costello, *John Stanislaus Joyce: The Voluminous Life and Genius of James Joyce's Father* (London, 1997)

53. Janusko, Robert, *The Sources and Structures of James Joyce's 'Oxen'* (Ann Arbor, mi: 1983)

54. Kenner, Hugh, *Ulysses* (London, 1982)

55. —, *Joyce's Voices* (London, 1978)

56. —, *Dublin's Joyce* (London, 1955)

57. Kiberd, Declan, *Inventing Ireland* (London, 1995)

58. —, 'Introduction', *Ulysses*, ed. with an intro. and notes by Declan Kiberd (London, 1992) pp. ix–lxxx

59. —, 'The Vulgarity of Heroics: *Joyce's Ulysses*', in *James Joyce: An International Perspective: Centenary Essays in Honour of the Late Sir Desmond Cochrane*, ed. Suheil Badi Bushrui and Bernard Benstock, with a foreword by Richard Ellmann (Gerrards Cross, 1982), pp. 156–69

60. Kumar, Udaya, *The Joycean Labyrinth: Repetition, Time and Tradition in 'Ulysses'* (Oxford, 1991)

61. Lawrence, Karen, *The Odyssey of Style in 'Ulysses'* (Princeton, nj, 1981)

62. Lernout, Geert and Wim Van Mierlo, eds, *The Reception of James Joyce in Europe*, 2 vols (London and New York, 2004)

63. Lowe-Evans, Mary, *Crimes Against Fecundity: Joyce and Population Control* (Syracuse, ny, 1989)

64. Lyons, J. B., *James Joyce and Medicine* (Dublin, 1973)

65. Maddox, Brenda, *Nora: A Biography of Nora Joyce* (London, 1988)

66. McCabe, Colin, *James Joyce and the Revolution of the Word* (2nd edn, London, 2003)

67. McCourt, John, *The Years of Bloom: James Joyce in Trieste, 1904—1920* (Dublin, 2001)

68. McGinley, Bernard, *Joyce's Lives: Uses and Abuses of the Biografiend* (London, 1996)

69. Mahaffey, Vicky, *States of Desire: Wilde, Yeats, Joyce and the Irish Experiment* (Oxford, 1998)

70. Manganiello, Dominic, *Joyce's Politics* (London, 1980)

71. Morrison, Steven, 'Heresy, Heretics and Heresiarchs in the Works of James Joyce', PhD thesis, University of London, 1999

72. Mullin, Katherine, *James Joyce, Sexuality and Social Purity* (Cambridge, 2003)

73. Nadel, Ira B., *Joyce and the Jews: Culture and Texts* (Iowa City, ia, 1989)

74. Nolan, Emer, *James Joyce and Nationalism* (London, 1995)

75. Norris, Margot, *Joyce's Web: The Social Unravelling of Modernism* (Austin, tx, 1992)

76. Osteen, Mark, *The Economy of 'Ulysses': Making Both Ends Meet* (New York, 1995)

77. Parrinder, Patrick, *James Joyce* (Cambridge, 1984)

78. Peake, Charles, *James Joyce: The Citizen and the Artist* (London, 1977)

79. Pearce, Richard, *Molly Blooms: A Polylogue on 'Penelope' and Cultural Studies* (Madison, wi, 1994)

80. Platt, Len, *Joyce and the Anglo-Irish: A Study of Joyce and the Literary Revival* (Amsterdam and Atlanta, ga, 1998)

81. Potts, Willard, *Joyce and the Two Irelands* (Austin, tx, 2001)

82. —, ed., *Portraits of the Artist in Exile: Recollections of James Joyce by Europeans* (Dublin, 1978)

83. Power, Arthur, *The Joyce We Knew*, ed. by Ulick Connor (Cork, 1967)

84. Rabaté, Jean-Michel, *James Joyce and the Politics of Egoism* (Cambridge, 2001)

85. Reizbaum, Marilyn, *James Joyce's Judaic Other* (Stanford, ca, 1999)

86. Reynolds, Mary T., *Joyce and Dante: The Shaping Imagination* (Princeton, nj, 1981)

87. Riquelme, Jean Paul, *Teller and Tale in Joyce's Fiction: Oscillating Perspectives* (Baltimore, md, 1983)

88. Rose, Danis and John O'Hanlon, *Understanding 'Finnegans Wake': A Guide to the Narrative of James Joyce's Masterpiece* (New York, 1982)

89. Scott, Bonnie Kime, *Joyce and Feminism* (Brighton, 1984)

90. Senn, Fritz, *Inductive Scrutinies: Focus on Joyce*, ed. by Christine O'Neill (Dublin, 1997)

91. —, 'Joycean Provections', in *Joycean Occasions: Essays from the Milwaukee James Joyce Conference*, ed. Janet E. Dunleavy, Melvyn J. Friedman and Michael Patrick Gillespie (Newark, de, 1991), pp. 171–94

92. —, *Joyce's Dislocutions: Essays on Reading as Translation*, ed. by John Paul Riquelme (Baltimore, md, and London, 1984)

93. Shloss, Carol, *Lucia Joyce: To Dance in the Wake* (New York, 2003)

94. Spoo, Robert, *James Joyce and the Language of History: Dedalus's Nightmare* (Oxford, 1994)

95. Torchiana, Donald T., *Backgrounds to Joyce's 'Dubliners'* (Boston, ma, 1986)

96. Tymoczko, Maria, *The Irish 'Ulysses'* (Berkeley and Los Angeles, ca, 1994)

97. Valente, Joseph, *James Joyce and the Problem of Justice: Negotiating Sexual and Colonial Difference* (Cambridge, 1995)

98. Van Boheemen, Christine, *Joyce, Derrida, Lacan and the Trauma of History: Reading, Narrative and Postcolonialism* (Cambridge, 1999)

99. Wales, Katie, *The Language of James Joyce* (London, 1987)
100. Watson, G. J., '*The Politics of Ulysses*', in *Joyce's 'Ulysses': The Larger Perspective*, ed. Robert D. Newman and Weldon Thornton (Newark, de, 1987), pp. 39–59

致　谢

我最需要感谢的是三位读者：德里克·阿特里奇、维姬·马哈菲和伯纳德·迈克芬利，他们付出了大量时间和精力阅读此书，改正了许多错误，指出很多不准确之处，也给我提供了很多非常需要的补充材料，使我的观点更加详细、准确和成熟。伊恩·李特尔伍德建议我写得尽量精炼。在一次愉快的午餐上，布伦达·马尔多斯给我提供了写传记的精彩建议。珍妮·卢提和我分享了她的无线电（和乔伊斯）专业知识。迪尔德丽·图米永远一如既往的慷慨和机智，这次在图片研究方面给予了帮助。对上述四位，我也在此表达我的谢意。在里克森的工作人员中，我特别要感谢迈克尔·里曼，也感谢维维安·康斯但丁诺保罗斯的努力和好脾气。感谢哈利·基罗尼斯，他是一个作者希望合作的、最博学的图片编辑。

图片说明

作者和出版商对下列说明性材料的提供者或其允许复印一并表示感谢。

伦敦大英博物馆（印刷和绘画部）：第36页的图片；

德布勒森的德利博物馆：第51页的图片；

都柏林的爱尔兰犹太人博物馆：第163页的图片；

布拉格的迪莉娅，约瑟夫·拉达的后代：第102页的插图；

华盛顿特区国会图书馆打印和照相部的图片：见第66页（lc-usz62-115280）、第139页（lc-dig-ppmsc07948）、第141页（lc-uszc4-10978）、第212页（lc-dig-ppmsc-009878）；

都柏林爱尔兰国立图书馆：第207页的图片（Ref. No.: lroy6196）；

雷克斯图片社：见目录前页（雷克斯图片社/埃弗雷特收藏，458358a）、第7页（雷克斯图片社/斯帕出版社，458092d）、第174页（雷克斯图片社/加州州立大学档案/埃弗雷特，415577AT）、第223页（雷克斯图片社/乔治·斯维尼，233743b）；

雷克斯图片社：第53页的罗杰·卫欧利特相片（哈灵古尔/罗杰·卫欧利特，RV-600843）；

爱尔兰古董商人协会：第90页的图片。